Outfit of the day

NÄHEN FÜR MICH

EMF
EIN BUCH DER
EDITION MICHAEL FISCHER

INHALT

VORWORT

Hallöchen, ich bin's Juliana und heute nähen wir …

– so startet jedes der JULIANA MARTEJEVS Nähtutorials. Dass ich einmal eine ganze Schnittmusterkollektion mit euch nähen würde, hätte ich im Jahr 2021 noch für einen Traum gehalten.

Da habe ich die Website www.julianamartejevs.com mit den ersten vier Schnittmustern gelauncht und so das Schnittmusterlabel JULIANA MARTEJEVS ins Leben gerufen. Dass unsere modernen Schnittmuster so beliebt in der Nähcommunity wurden, ist überwältigend und hat die Kollektion rasant wachsen lassen. Inzwischen gibt es sie auf den meisten DIY-Plattformen. Das macht mein Team und mich natürlich stolz. Klar, dass auch eine Variante als Buch folgen musste. Endlich ist es da! Umso aufgeregter bin ich heute darüber, dass wir gemeinsam die coolsten T-Shirts, Tops, Hosen, Kleider, Blusen, Jacken und Accessoires nähen, die deine #memade Wardrobe bisher gesehen hat!

Von klein auf habe ich mich für Mode begeistert und meine Barbiepuppen, statt mit ihnen zu spielen, immer wieder in neue Kleider gesteckt. Das wollte ich für echte Menschen auch tun. Als ich dafür mit dem Nähen anfing, war ich erschrocken, wie eingestaubt die Designs der Schnittmuster zum Selbernähen im Vergleich zur tollen Laufstegmode waren. Das wollte ich ändern und habe nach meiner Ausbildung zur Damenmaßschneiderin und anschließendem Modestudium in Hannover, Mailand und London das Schnittmusterlabel JULIANA MARTEJEVS gegründet. Unsere Mission ist es, selbst gemachte Mode so cool, einfach und spaßig wie möglich zu machen.

Egal, ob du Nähanfängerin bist oder bereits erfahrene Näherin, dieses Buch ist für dich gemacht. Denn wenn ich in meiner Laufbahn eins gelernt habe, dann, dass es nicht darauf ankommt, wie lange oder professionell du schon nähst, sondern mit welchen Schnittmustern, Anleitungen und Materialien du arbeitest. Und da kommt dieses Buch ins Spiel, das mit seinen farbenfrohen Projekten, genauen Materialempfehlungen und einfachen Schritt-für-Schritt-Anleitungen jede*r von euch ganz tolle Resultate ermöglichen soll. Jedes Nähprojekt wird von einer Video-Anleitung begleitet, die du über den QR-Code oder Link auf den Projektseiten abrufen kannst. So bleiben keine Fragen offen.

Lasse dich von den zeitgenössischen Schnittmustern, die wir in einem kleinen Team im Herzen der Modemetropole Berlin entwerfen, inspirieren und fertige dir Lieblingsteile. Teile sie unbedingt unter dem Hashtag #JULIANAMARTEJEVSonME mit uns. Wir freuen uns immer riesig zu sehen, wie kreativ du geworden bist.

Ich hoffe, dieses Buch wird für dich nicht nur eine praktische Anleitung sein, sondern auch eine Quelle der Freude und Inspiration. Denn darum geht es für mich beim Nähen. Möge es dich dazu inspirieren, deine Nähprojekte mit Liebe zu gestalten und deine selbst gemachten Teile voller Stolz zu tragen – denn nichts ist cooler als Selbstgemachtes! Also worauf wartest du? Stöbere durch, such dir dein nächstes Projekt und dann ran an die Nähmaschine.

Ganz viel Spaß beim Nähen und fühl dich gedrückt!

Deine Juliana

GRUND-
LAGEN

NACHHALTIGKEIT & NÄHEN

Ich denke, das Hobby „Nähen" geht über das Endprodukt hinaus. Es ist eine Erfahrung, die bleibende Erinnerungen schafft. Von der Auswahl von Schnittmustern und Materialien bis hin zur Spannung beim Zuschneiden und Nähen ist jeder Schritt auf dem Weg zum selbst gemachten Kleidungsstück mit Kreativität und Freude verbunden.
Die Zeit, die wir mit dem Nähen eines Kleidungsstücks verbringen, wird zu einem wertvollen Moment, in dem wir vom Alltag abschalten können, „Me Time" verbringen, die unsere Kreativität fördert und uns ein Gefühl der Selbsterfüllung gibt. Wenn wir unsere handgefertigten Kleidungsstücke tragen, tragen wir die Erinnerungen an die Reise und die Liebe, die in jeden Stich gesteckt wurde, mit uns.

MATERIALWAHL & TRANSPARENZ

Wer Kleidung selbst näht, hat die Kontrolle über die verwendeten Materialien und die Menge des entstehenden Abfalls. Du hast die Möglichkeit, umweltfreundliche und nachhaltige Stoffe zu wählen, dich für das Upcycling oder die Wiederverwendung vorhandener Materialien zu entscheiden und den Einsatz schädlicher Chemikalien, die bei der herkömmlichen Textilproduktion häufig verwendet werden, auf ein Minimum zu reduzieren.

BEWUSSTER KONSUM

Mit selbst gemachter Kleidung kannst du Mode bewusster konsumieren. Anstatt auf schnelle Modetrends zu setzen und eine große Menge minderwertiger Kleidungsstücke anzuhäufen, wählst du Materialien und Schnittmuster sorgfältig danach aus, ob sie zu deinen Werten und deinem persönlichen Stil passen. Indem du dich darauf konzentrierst, Stücke zu kreieren, die gleichzeitig modern sind und lange getragen werden können, förderst du einen nachhaltigeren und achtsameren Ansatz beim Aufbau deiner Garderobe.

VERLÄNGERTE LEBENSDAUER

Handgefertigte Kleidungsstücke werden oft mit viel Liebe zum Detail und hoher handwerklicher Qualität hergestellt, was zu einer längeren Lebensdauer führt. Wenn du deine Kleidung selbst nähst, hast du die Möglichkeit, Nähte zu verstärken, genau die richtigen Techniken zu wählen und bei Bedarf Reparaturen oder Änderungen vorzunehmen. Dies verlängert die Lebensdauer deiner Kleidung, verringert die Notwendigkeit, sie ständig zu ersetzen, und minimiert die allgemeine Umweltbelastung durch deine Garderobe.

PERSÖNLICHES ENGAGEMENT

Selbst genähte Kleidung befähigt den Einzelnen, sich aktiv an der Modeindustrie zu beteiligen. Indem man Nähkenntnisse erwirbt und seine eigenen Kleidungsstücke herstellt, durchbricht man den Kreislauf der Abhängigkeit zu massenproduzierter Kleidung. Du beschäftigst dich mit dem Wert von Kleidung, Ressourcennutzung und Umweltauswirkungen und lernst, dich unabhängiger zu versorgen sowie herauszufinden, wie du deinen eigenen Stil zum Ausdruck bringen kannst. Viele tolle Argumente, um gleich an der Nähmaschine durchzustarten, oder?

MATERIALIEN

Keine Sorge! Materialkunde war sicher eins der unbeliebteren Fächer von mir und meinen Kommilitonen im Modedesignstudium. Klar, es gibt unendlich viele verschiedene Stoffe und wahnsinnig viele technische Informationen. Gerade deshalb soll es in diesem Materialkapitel nur genau um die Stoffe gehen, die für die Nähprojekte in diesem Buch perfekt geeignet sind. Das sind Stoffe, von denen ich selbst Fan bin, da sie am einfachsten zu verarbeiten sind, am hochwertigsten aussehen und überall zu bekommen sind. Keine lästige Recherche notwendig! Am Ende jedes Materialabsatzes findest du die Referenz zu den passenden Schnittmustern. Auf den jeweiligen Projektseiten ist außerdem die genaue Zusammensetzung und das genaue Gewicht der von uns verwendeten Stoffe angegeben. So kann beim Stoffkauf nichts schiefgehen!

Hier also die TOP 7 Stoffe:

SINGLE JERSEY

Single-Jersey-Stoffe sind die Helden der Nähwelt, wenn es um Komfort und Vielseitigkeit geht. Durch ihre besondere Stricktechnik entsteht ein weicher, elastischer Stoff, der sich angenehm an die Haut schmiegt. Diese Stoffe sind perfekt für lässige T-Shirts, bequeme Kleider und sportliche Basics geeignet. Das „Single" im Namen bezieht sich darauf, dass diese Stoffe nur eine Strickrichtung haben – das macht sie leicht und luftig. Mit ihrer feinen Maschenstruktur bieten Single-Jersey-Stoffe nicht nur einen tollen Tragekomfort, sie sind auch ideal für verschiedene Nähprojekte geeignet.. Single Jersey ist ein Strickstoff, der aus verschiedenen Materialien hergestellt werden kann. Typischerweise wird er aus Naturfasern, Kunstfasern oder einer Mischung aus beiden produziert. Hier sind einige der gängigen Materialien:

Baumwolljersey

Ein häufig verwendetes Material für Single-Jersey-Stoffe ist Baumwolle. Sie sorgt für Atmungsaktivität, Weichheit und Tragekomfort. Besonders empfehle ich einen GOTS-zertifizierten Bio-Baumwolljersey. Die GOTS-Zertifizierung ist ein Gütesiegel für umweltfreundliche und sozial verantwortliche Textilien.

Für folgende Schnittmuster verwendet:
The Oversized T-Shirt, The T-Shirt Dress

Viskose-Jersey

Auch als Rayon bekannt, ist Viskose eine künstliche Faser, die aus natürlichen Rohstoffen wie Holz oder Bambus gewonnen wird. Sie verleiht dem Stoff einen seidigen Glanz und eine geschmeidige Textur. Ein Viskose-Jersey fällt weicher als Baumwolljersey und ist besonders für Jerseykleider oder elegantere Oberteile geeignet.

Für folgendes Schnittmuster verwendet:
The Cara Top

Modal-Jersey

Modal ist eine Zellulosefaser, die aus Buchenholz gewonnen wird. Sie verleiht dem Stoff eine weiche Textur und sorgt für eine geschmeidige Oberfläche.

Bambus-Jersey

Single Jersey kann auch aus Bambusviskose hergestellt werden. Dieses Material ist umweltfreundlich, antibakteriell und bietet eine angenehme Haptik.

Polyester-Jersey

Natürlich wirst du im Stoffgeschäft auch auf Polyester-Jersey treffen. Für eine verbesserte Haltbarkeit und Elastizität werden Single-Jersey-Stoffe manchmal mit Polyesterfasern gemischt. Dies erhöht die Knitterbeständigkeit des Stoffs. Allerdings bringt er auch einige Nachteile mit sich: Im Vergleich zu Naturfasern wie Baumwolle ist Polyester weniger atmungsaktiv und geruchsresistent, absorbiert weniger Feuchtigkeit und regt so Schwitzen an, kann sich statisch aufladen und belastet die Umwelt. Solltest du dich dennoch für einen Polyester-Jersey entscheiden wollen, empfiehlt sich ein recycelter Polyesterstoff.

POPELINE

Hauptsächlich aus Baumwolle gewebt, zeichnen sich Popeline-Stoffe durch ihre feine Bindung und dichte Struktur aus. Das Ergebnis ist ein haltbarer Stoff mit einem dezenten Glanz, der sich ideal für Kleidung wie Blusen, Kleider oder Hemden eignet. Das Webmuster sorgt nicht nur für eine glatte Optik, sondern auch für eine angenehme Haptik – sanft auf der Haut, aber dennoch robust. Popeline ist gut zu verarbeiten und leicht zu bügeln. Dabei behält er seine Form, was bedeutet, dass die Kleidungsstücke aus diesem Stoff auch nach mehrmaligem Waschen und Tragen formstabil bleiben.

Für folgende Schnittmuster verwendet:
The Noella Blouse, The Amber Dress,
The Viola Blouse, The Wally Jacket

DENIM

Ursprünglich für Arbeitsbekleidung entwickelt, hat sich Denim zu einem unverzichtbaren Bestandteil der Modewelt entwickelt. Dieser robuste und strapazierfähige Baumwollstoff zeichnet sich durch seine charakteristische Köperbindung und das diagonal verlaufende Fischgrätenmuster aus. Er ist besonders für seine Verwendung für Jeanshosen bekannt, aber seine Vielseitigkeit erstreckt sich weit darüber hinaus. Von lässigen Jacken über trendige Kleider bis hin zu zeitlosen Hemden. Denim findet sich in verschiedensten Kleidungsstücken, denn es gibt ihn heute in einer Vielzahl von Gewichtsklassen. Die charakteristische Indigofärbung und die Fähigkeit, mit der Zeit eine individuelle Patina zu entwickeln, machen Denim zu einem Stoff mit Geschichte und Persönlichkeit. Bei der Wahl eines Denimstoffs solltest du neben dem g/m^2 Gewicht darauf achten, ob ein Elasthan-Anteil erwünscht, gefordert oder ganz ausgeschlossen wird. Manche Nähprojekte eignen sich besser für elastischere Denimstoffe wie z. B. engere Jeanshosen, während andere Nähprojekte wie Jacken sich besser für formstabile Denimstoffe eignen.

Für folgendes Schnittmuster verwendet:
The Kylie Dungaree Dress

CORD

Cordstoffe sind eine besonders vielseitige und strapazierfähige Textilart, die durch ihre charakteristische Rippstruktur gekennzeichnet ist. Der Begriff „Cord" leitet sich vom französischen Wort „corde" ab, was Seil oder Schnur bedeutet, und verweist auf die erhabenen Längsrippen, die das Gewebe bilden. Dieses Material wird oft aus Baumwolle, aber auch aus anderen Fasern wie Polyester oder Viskose hergestellt. Cordstoffe sind bekannt für ihre Wärmeisolierung, was sie zu einer beliebten Wahl für Herbst- und Winterbekleidung macht. Gleichzeitig verleihen sie Kleidungsstücken durch ihre Struktur eine besondere Ästhetik, die sowohl lässig als auch elegant wirken kann. Vielseitigkeit, Komfort und modische Ausdruckskraft machen Cord zu einem zeitlosen Material in der Welt der Textilien.

Für folgendes Schnittmuster verwendet:
The Leslie Pants (Baumwollcord)

SWEAT

Sweatstoff, auch als French Terry bekannt, findet vor allem für sportliche und lässige Bekleidung wie Hoodies, Pullover oder Jogginghosen Verwendung, da er sowohl bequem als auch atmungsaktiv ist. Hergestellt aus Baumwolle, Polyester oder einer Mischung dieser Materialien, zeichnet sich Sweatstoff durch seine weiche Innenseite und die charakteristische Schlingenstruktur auf der Außenseite aus. Diese Struktur verleiht dem Stoff nicht nur eine ansprechende Optik, sondern sorgt auch für eine gute Luftzirkulation, was ihn besonders angenehm zu tragen macht. Die Vielseitigkeit dieses Materials hat dazu geführt, dass es auch in der Alltagsmode Einzug gehalten hat, und Sweatstoffe werden zunehmend für stylische und komfortable Streetwear eingesetzt.

Für folgendes Schnittmuster verwendet:
The Sally Sweater

TWILL

Twill-Stoffe zeichnen sich durch ihre charakteristische Diagonalrippung in der Webstruktur aus. Diese diagonalen Linien verleihen dem Stoff nicht nur ein ansprechendes Erscheinungsbild, sondern auch zusätzliche Festigkeit und Strapazierfähigkeit. Im Vergleich zu glatten Webarten wie Popeline sind Twill-Gewebe dichter und schwerer, wodurch sie eine gewisse Substanz und Struktur bieten. Twill wird aus verschiedenen Fasern hergestellt, darunter Baumwolle, Wolle und synthetische Materialien. Die Vielseitigkeit von Twill macht ihn zu einer beliebten Wahl für eine breite Palette von Produkten, von Bekleidung wie Hosen und Jacken bis hin zu Accessoires und Heimtextilien.

Für folgendes Schnittmuster verwendet:
The Debbie Skirt

SOFTSHELL

Softshell-Stoffe sind innovative Textilien, die speziell für Outdoor-Aktivitäten entwickelt wurden, um ein optimales Gleichgewicht zwischen Atmungsaktivität, Wasserbeständigkeit und Flexibilität zu bieten. Im Gegensatz zu Hardshell-Materialien sind Softshell-Gewebe in der Regel leichter, elastischer und ermöglichen eine verbesserte Bewegungsfreiheit. Diese Stoffe bestehen oft aus einer Mischung aus verschiedensten synthetischen Materialien wie Polyester, Elasthan und Polyurethan, die in mehreren Schichten miteinander verbunden sind. Die äußere Schicht ist in der Regel wasserabweisend oder wasserdicht, während die innere Schicht für Atmungsaktivität und Feuchtigkeitsregulierung sorgt. Ihre vielseitige Anwendbarkeit macht sie zur bevorzugten Wahl für Outdoor-Enthusiasten, die Funktion und Flexibilität gleichermaßen schätzen.

Für folgendes Schnittmuster verwendet:
The Yuri Bag

FASERN

Dass wir bei JULIANA MARTEJEVS auf natürliche Fasern setzen, ist wahrscheinlich schon zwischen den Zeilen zu lesen gewesen. Hier noch eine kurze Übersicht, über die für uns wichtigsten und am meisten genutzten Fasern und worauf du besonders achten kannst, wenn es um die Zertifizierung von Materialien geht.

BAUMWOLLE

Baumwolle ist eine der am häufigsten verwendeten Naturfasern in der Textilindustrie und wird wegen ihrer Weichheit, Atmungsaktivität und Vielseitigkeit geschätzt. In den letzten Jahren hat sich das Bewusstsein für nachhaltige und umweltfreundliche Praktiken in der Textilproduktion glücklicherweise verstärkt, was zur Entwicklung von Biobaumwolle geführt hat. Biobaumwolle wird unter strengen ökologischen Standards angebaut, die den Einsatz von synthetischen Pestiziden und Düngemitteln begrenzen und den Boden und das Wasser schützen sollen.

Drei der wichtigsten Zertifizierungen, die die nachhaltige Produktion von Baumwolle und Biobaumwolle fördern, sind folgende:
Der **Global Organic Textile Standard** (GOTS) erstreckt sich über die gesamte Lieferkette und setzt strenge Umwelt- und Sozialkriterien für biologisch erzeugte Textilien.
Der **Organic Content Standard** (OCS) konzentriert sich hingegen darauf, den prozentualen Anteil an biologisch erzeugten Materialien in einem Produkt zu verifizieren.
Die **OEKO-TEX**-Zertifizierung für Baumwolle stellt sicher, dass die Textilien frei von schädlichen Substanzen sind und den höchsten Standards für Verbraucherschutz und Umweltverträglichkeit entsprechen.
Diese Zertifizierungen bieten auch Hobbynäher*innen die Möglichkeit, bewusste Entscheidungen zu treffen und Produkte aus nachhaltiger biologischer Baumwolle zu unterstützen, die nicht nur die Umwelt, sondern auch die Arbeitsbedingungen der Landwirte verbessert.

VISKOSE

Viskose, auch als Kunstseide oder Rayon bekannt, ist eine vielseitige Textilfaser, die aus natürlichen Rohstoffen, hauptsächlich Holzzellstoff, hergestellt wird. Der Herstellungsprozess umfasst die Umwandlung von Holzfasern in eine flüssige Substanz, die dann zu Fasern gesponnen wird. Viskose zeichnet sich durch ihre weiche und geschmeidige Haptik aus. Sie bietet zudem eine gute Atmungsaktivität und eine hohe Saugfähigkeit, was für ein angenehmes Tragegefühl sorgt. Die Faser hat einen seidigen Glanz, der sie ästhetisch ansprechend macht. Eine besonders umweltfreundliche Viskose-Variante ist zum Beispiel die „EcoVero"-Viskose, die unter Einhaltung rein nachhaltiger Prozesse produziert wird.

LEINEN

Leinen ist eine natürliche Textilfaser, die aus den Fasern der Flachspflanze gewonnen wird. Diese nachhaltige und umweltfreundliche Faser ist seit Jahrhunderten beliebt und hat in den letzten Jahren eine Renaissance erlebt. Leinen zeichnet sich durch seine kühlende und atmungsaktive Eigenschaft aus, wodurch es besonders für warmes Wetter geeignet ist. Die Faser ist bekannt für ihre Festigkeit und Langlebigkeit. Leinenstoffe haben oft eine charakteristische Knitteroptik, die ihnen einen entspannten und lässigen Look verleiht.

Die bereits vorgestellte **GOTS**-Zertifizierung sowie die **OEKO-TEX-Standard-100**-Zertifizierung gelten auch für Leinen. Sie stellen sicher, dass die Fasern organisch angebaut werden und dass bestimmte Umwelt- und Sozialkriterien eingehalten werden.

Das Zertifizierungsprogramm **Masters of Linen®** garantiert, dass das Leinen in Europa angebaut, gesponnen, gewebt und gefärbt wird. Es handelt sich um eine Initiative, die die Herkunft und Qualität von Leinenprodukten fördert.

WOLLE

Wolle ist eine natürliche Textilfaser, die von Tieren wie Schafen, Ziegen und Kaschmirziegen gewonnen wird. Diese Faser ist besonders bekannt für ihre außergewöhnlichen isolierenden Eigenschaften, die dazu beitragen, Wärme zu speichern (temperaturregulierend) und gleichzeitig Feuchtigkeit (atmungsaktiv) abzuleiten. Wolle kann daher sowohl in warmen als auch kalten Klimazonen getragen werden. Die Faser ist weich, elastisch und hat eine natürliche Federung, die für Komfort und Strapazierfähigkeit sorgt. Wolle hat auch die Fähigkeit, Gerüche zu absorbieren und von Natur aus feuerbeständig zu sein. Es gibt verschiedene Arten von Wollfasern, darunter Merinowolle, die für ihre Feinheit und Weichheit bekannt ist, sowie traditionelle Wollsorten wie Schaf- und Angorawolle.

Auch beim Einkauf von Wolle kannst du dich an Zertifizierungen orientieren. Diese drei wichtigen gehören dazu:
Die Woolmark Company vergibt das **Woolmark**-Siegel, um die höchste Qualität von Wollprodukten zu garantieren. Es gibt verschiedene Unterkategorien wie „Woolmark", „Woolmark Blend" und „Woolmark Gold", die unterschiedliche Qualitätsstandards repräsentieren.

Die Zertifizierung **Responsible Wool Standard** (RWS) gewährleistet, dass die Wolle ethisch und nachhaltig produziert wurde. Sie umfasst den Tierschutz sowie Umwelt- und Sozialstandards entlang der Lieferkette.

Obwohl **Bluesign®** nicht ausschließlich und speziell für Wolle entwickelt wurde, ist es ein Zertifizierungssystem, das umweltfreundliche Produktionstechniken in der Textilindustrie fördert. Produkte, die Bluesign-zertifiziert sind, erfüllen strenge Standards hinsichtlich des Umweltschutzes, der Arbeitssicherheit und des Verbraucherschutzes.

DIE WICHTIGSTEN BEGRIFFE

Damit du genau weißt, was wir mit den Fachbegriffen in den Anleitungen und in den Video-Tutorials meinen, hier eine kleine Übersicht der wichtigsten Begriffe, was sie bedeuten und was es in Bezug auf die Schnittmuster in diesem Buch zu beachten gibt.

Nahtzugaben

Unter der Nahtzugabe ist beim Zuschneiden von Textilien die Breite des Abstands zwischen der eigentlichen Naht und der Schnittkante zu verstehen. Alle Nahtzugaben sind bereits in den Schnittmustern in diesem Buch enthalten. Wenn nicht anders auf den einzelnen Schnittteilen angegeben oder in der Anleitung beschrieben, beträgt die Nahtzugabe immer 1 cm.

Zuschneiden im Bruch

Der Stoff wird parallel zur Webkante in der Hälfte gefaltet. Es werden so gleichzeitig zwei Stofflagen zugeschnitten. Das Zuschneiden im Bruch findet Anwendung, wenn das Kleidungsstück oder Accessoire symmetrisch ist und zwei spiegelgleiche Hälften benötigt werden.

Webkante

Die Webkante eines Stoffes ist oft bunt bedruckt und enthält Informationen zum Hersteller und zur Behandlung des Stoffes. Manchmal enthält sie auch keinen Druck, dann erkennt man sie an der etwas anderen Webart, die sich deutlich vom Rest des Stoffes abhebt. Zu wissen, wo sich die Webkante am Stoff befindet, ist wichtig, um den Fadenlauf zu bestimmen.

Schnittkante

Die Schnittkante verläuft im 90°-Winkel zur Webkante und ist die gerade, frisch geschnittene Kante des Stoffes, die normalerweise senkrecht zu den Fäden des Gewebes verläuft.

Fadenlauf

Der Pfeil auf dem Schnittmuster zeigt immer die Richtung des Fadenlaufs. Beim Zuschneiden muss darauf geachtet werden, dass er parallel zur Webkante verläuft.

Schatten der Naht/Nahtschatten

Wenn vom Schatten der Naht gesprochen wird, dann bezieht sich dies auf die sichtbare Linie, die auf dem Stoff entsteht, wenn zwei Teile miteinander vernäht werden. Dieser Schatten entsteht durch die Verdichtung des Materials entlang der Nahtlinie. Er befindet sich auf der rechten Stoffseite, genau dort, wo auf der linken Stoffseite das Garn der Naht zu sehen ist.

GRUNDAUSSTATTUNG

Um ehrlich zu sein, ist weniger wirklich manchmal mehr. Du brauchst keine 30 Werkzeuge, um ein hochwertiges Ergebnis beim Nähen zu erzielen. Neben Nähmaschine und Bügeleisen mit Bügelbrett sind diese neun Utensilien die, die wir WIRKLICH im Atelier täglich nutzen:

Stoffschere

Eine nicht zu große, sondern immer noch handliche Schere, die einwandfrei schneidet, ist ein absolutes Must-have. Wir empfehlen eine Schneidefläche mit einer Länge von circa 12 cm.

Papierschere

Genauso verhält es sich mit einer scharfen Papierschere mit einer Schneidefläche um die 10 cm.

Stickschere

Eine kleine Stickschere ersetzt jeden Nahttrenner und ist viel universeller einsetzbar. Ob zum Auftrennen von Nähten oder dem Abschneiden von Fäden (Daumenschere ade), wir nutzen nur Stickscheren.

Stecknadeln

Stahlstecknadeln, die sich nicht biegen und nicht leicht brechen, sind die Wahl. Ob Stahlköpfe oder Glasköpfe, entscheidest du.

Handnähnadeln

Für eine Großzahl von Nähprojekten braucht es die ein oder andere Handnaht. Hab dafür hochwertige Handnähnadeln mit spitzer Spitze parat.

Nadelkissen

Vielleicht unser meistgenutztes Accessoire im Studio: ein Nadelkissen zum Umschnallen ums Handgelenk. Nicht nur, weil unser kleiner Zwergpudel Poppy das Studio unsicher macht, haben wir ungerne Stecknadeln auf dem Boden rumkullern. Man hat einfach immer einen optimalen Ablageort dabei – egal, ob am Bügelbrett oder an der Nähmaschine.

Markierstift

Mindestens auswaschbar sollte euer Markierstift sein. Auch praktisch: Stifte, die schon mit Hitze beim Bügeln verschwinden. Stifte sind oft handlicher als Kreide und gerade für Anfänger besser geeignet.

Maßband

Ein Maßband hängt uns beim Nähen eigentlich immer um den Hals, denn dann ist es schnell gezückt und hat mit einer Länge von 150 cm genug Platz zum Messen.

Handmaß

Für kleine Saumarbeiten wie Einschlag-Umschlag-Kanten nutzen wir gerne das praktische Handmaß.

AUSSERDEM:

Nice to have: Kantenformer

Kein Muss, aber definitiv ein nettes Utensil: der Kantenformer. Damit kommst du in alle Ecken eines Kragens und kannst diese schön ausformen, ohne die Ecken mit deiner Schere oder einem Stift zu verletzen.

Nice to have: Wendeset

Ist bei uns tatsächlich auch erst vor einem Jahr eingezogen, aber schon recht häufig im Einsatz. Ein Wendeset zum Wenden von kleinen verstürzten Teilen wie Trägern ist schon recht hilfreich und spart einiges an Zeit.

Nice to have: Stoffetiketten

Ich liebe es, meinen Nähprojekten mit lustigen Stoffetiketten den letzten Schliff zu verleihen. Deshalb konnte ich es mir auch nicht nehmen lassen, eine eigene kleine Kollektion auf die Beine zu stellen. Wenn etwas 100 % ME MADE ist, kann man das ruhig zeigen!

Nice to have: Schneiderpuppe

Ein hübsches Objekt fürs Nähzimmer, aber auch für Drapagen und das Begutachten des fertigen Werkes geeignet. Die Schneiderpuppe sieht professionell aus, macht Spaß in der Nutzung, ist aber wirklich kein Must-have!

Nice to have: Bügelarm

Je nachdem, wie viel du nähst und bügelst, macht es Sinn in einen Bügelarm zu investieren, mit dem du Ärmel und andere tunnelförmige Projekte bügeln kannst, ohne Falten entstehen zu lassen.

Nice to have: Bügelei

Das Gleiche gibt es auch als Ei. Damit lassen sich runde Partien eines Kleidungsstücks in Form bügeln, wie zum Beispiel Kragen- und Stegrundungen. Wie meine Nählehrerin in der Ausbildung immer sagte: Bügeln ist die halbe Miete beim Nähen!

In diesem Video zeige ich dir nochmal alle Werkzeuge, die wir in unserem Atelier nutzen, im Detail. Schau mal rein, wenn es dich interessiert:

HIER GEHT'S ZUM VIDEO:

https://youtu.be/b_PTe_zDtjE

VERMESSEN

Dies sind die Maße, die den verschiedenen Größen der Schnittmuster zugrunde liegen. Nicht wundern: Die Körperhöhe unterscheidet sich zwischen den Größen NICHT, denn eine Frau mit einer größeren Konfektionsgröße ist nicht auch zwangsläufig größer als eine Frau mit kleinerer Konfektionsgröße. Daher gibt es im nächsten Kapitel sowie in unseren Videoanleitungen immer wieder Hinweise darauf, wie du ein Schnittmuster an deine Körperhöhe anpassen kannst. Orientiere dich in dieser Tabelle also erstmal an den Weiten. Wenn du hier und da leicht abweichst, sollte das kein größeres Problem darstellen, denn die Schnittmuster sind fast alle locker geschnitten und daher nicht zwangsläufig auf den Zentimeter genau an deine Körpermaße anzupassen.

in cm	Gr. XS	Gr. S	Gr. M	Gr. L	Gr. XL	Gr. XXL	Gr. XXXL
1	167	167	167	167	167	167	167
2	82	86	90	96	102	108	116
3	62	66	70	76	82	88	96
4	90	94	98	104	110	116	122

RICHTIG MASSNEHMEN

1. **Körperhöhe:** Die Schnittmuster basieren auf einer Körperhöhe von 167 cm. Im Kapitel „Schnittmuster anpassen“ ab Seite 18 erfährst du, wie du Schnittmuster für deine Maße kürzt oder verlängerst.
2. **Brustumfang:** Der Brustumfang wird ringsherum waagerecht an der breitesten Stelle deiner Brust gemessen.
3. **Taillenumfang:** Den Taillenumfang misst du an der schmalsten Stelle deines Bauchs.
4. **Hüftumfang:** Man unterscheidet grundsätzlich zwischen der kleinen Hüfte (Höhe des Hüftknochens) und der großen Hüfte (stärkste Stelle). Wir nutzen hier den Umfang der großen Hüfte. Also miss bitte ringsherum waagerecht um die stärkste Stelle deines Gesäßes.

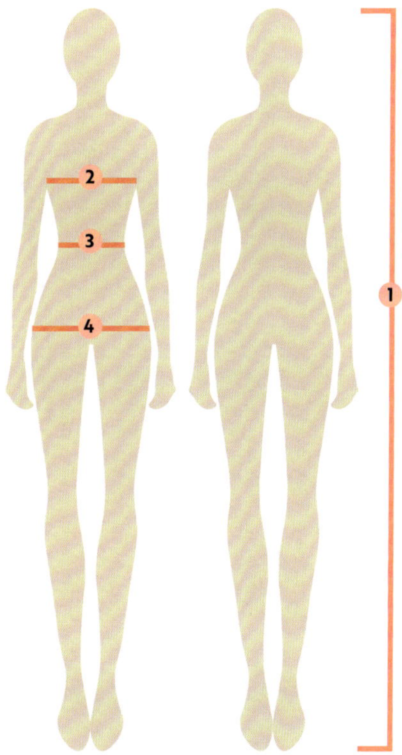

TIPP ZUR GRÖSSENORIENTIERUNG

In diesem Buch trägt Model Vitória Größe S und Model Stella Größe XXL.

SCHNITTMUSTER ANPASSEN

Selbst für erfahrene Näher*innen kann die perfekte Passform eine echte Herausforderung sein. Hier erfährst du, wie du Schnittmuster spielend leicht verlängern oder kürzen kannst.

TIPP: *Die im Folgenden aufgeführten Techniken zum Anpassen von Schnittmustern können sowohl für Schnittmuster mit Nahtzugaben als auch für Schnittmuster ohne Nahtzugaben verwendet werden.*

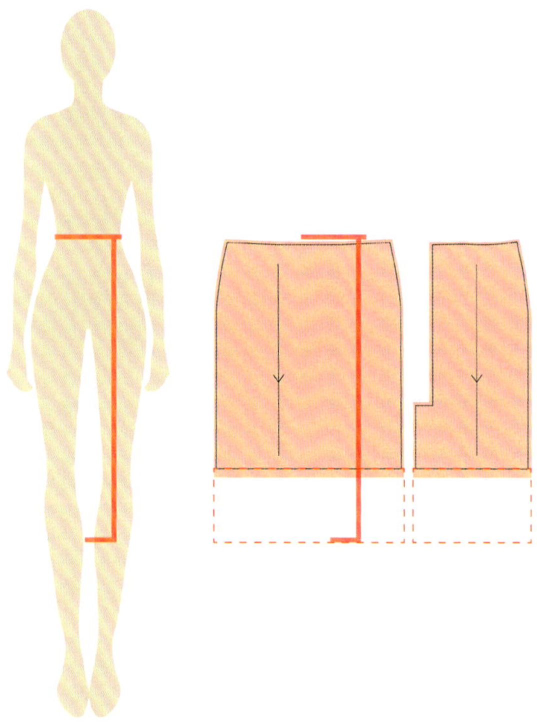

DIE RICHTIGE LÄNGE ZUM SCHNITTMUSTER ANPASSEN ERMITTELN

Bevor du dich auf das Schnittmuster anpassen stürzt, musst du wissen, wie viel du dein fertiges Kleidungstücks verlängern oder kürzen möchtest. So gehst du dabei vor.

Vergleich von Körpermaßen und Schnittmuster

Der erste Schritt besteht darin, deine eigenen Körpermaße mit dem Schnittmuster zu vergleichen. Je nachdem, ob du ein Oberteil, ein Kleid, eine Hose, einen Rock oder Ärmel anpassen möchtest, benötigst du unterschiedliche Körpermaße. Wenn du zum Beispiel einen Rock anpassen möchtest, misst du an deinem Körper die Strecke von der Taille gerade nach unten zu deiner gewünschten Saumlänge. Um die Taille zu ermitteln, bindest du am besten ein Band um deine Taille, da dies der schmalste Punkt zwischen deiner Brust und Hüfte ist. Anschließend misst du am Schnittmuster die Strecke gerade zwischen der Taille und Saumlänge ohne Nahtzugabe aus. Diese Maße notierst du ebenfalls und kannst anhand der Differenz beider Maße feststellen, ob das Schnittmuster zu kurz, genau richtig oder zu lang für dich ist. Diese Differenz notierst du.

Denke daran, dass das sorgfältige Ermitteln deiner persönlichen Wunschlänge der Schlüssel zur erfolgreichen Anpassung deines Schnittmusters ist. Indem du diese Schritte befolgst, kannst du sicherstellen, dass dein genähtes Kleidungsstück perfekt zu dir passt und deinen individuellen Vorlieben entspricht.

SCHNITTMUSTER KÜRZEN

Vertikale Seitennähte

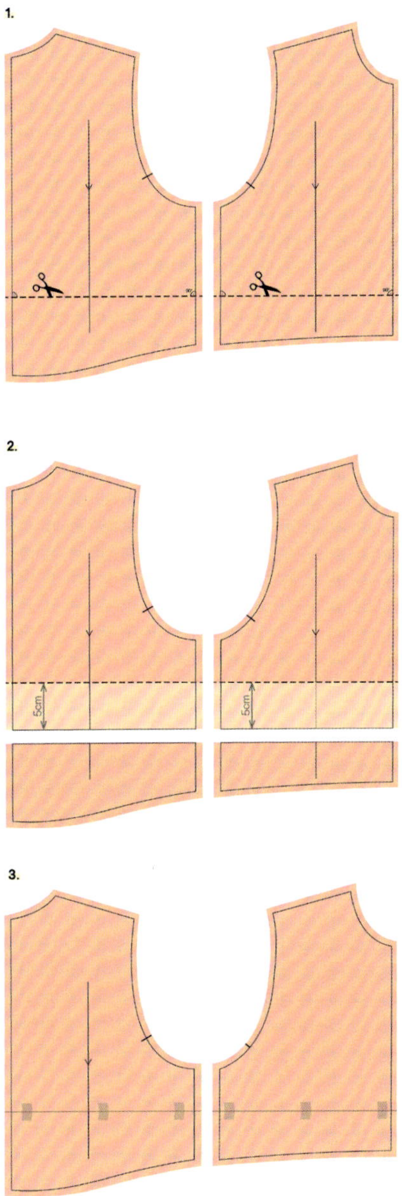

Wir beginnen mit der einfachsten Weise, mit der man ein Schnittmuster kürzt. In diesem Fall betrachten wir ein Oberteilschnittmuster, das eine gerade verlaufende vordere und hintere Mitte aufweist. Auch der Fadenlauf und die Seitennähte verlaufen gerade. Diese Geradlinigkeit erleichtert die Anpassung des Schnittmusters erheblich. So kannst du verschiedene Schnittmuster anpassen:

1. Zeichne zuerst auf dem Schnittmustervorder- und -rückteil des Oberteils eine waagerechte Linie ein, die im 90°-Winkel verläuft. Du kannst diese Linie an der geraden vorderen oder hinteren Mitte, dem Fadenlauf oder den Seitennähten orientieren. Die Linie sollte zwischen dem Armloch und dem Saum liegen. Wo genau du diese Linie einzeichnest, ist nicht wichtig. Schneide dann entlang dieser Linie mit einer Papierschere das Schnittmuster auseinander.

2. Messe und markiere parallel zu einer der ausgeschnittenen Linienkanten die gewünschte Strecke, um das Schnittmuster zu kürzen. In diesem Beispiel beträgt die Kürzungsstrecke 5 cm.

3. An der zuvor gezeichneten Linie klebst du das andere auseinandergeschnittene Schnittteil genau auf die markierte Kürzungsstrecke. Nutze dafür Kleber oder Klebeband. Wenn du es richtig gemacht hast, sollte die Fadenlauflinie genau aufeinandertreffen und gerade verlaufen. Und schon hast du erfolgreich dein Schnittmuster angepasst!

Mit dieser Technik kannst du z. B. das Schnittmuster The Noella Blouse auf deine individuelle Länge kürzen. Probiere es aus!

Ausgestellte Seitennähte

1.

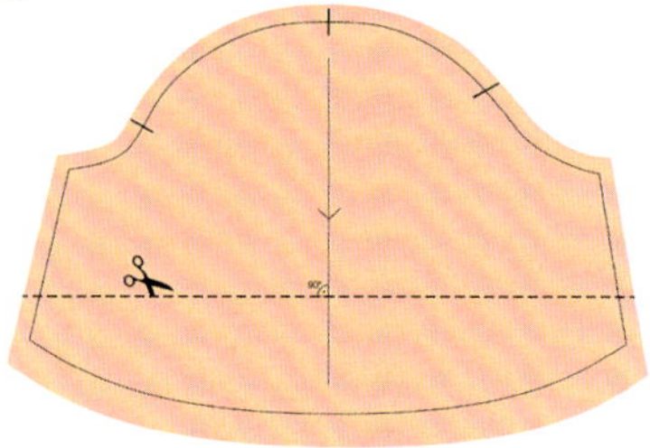

2.

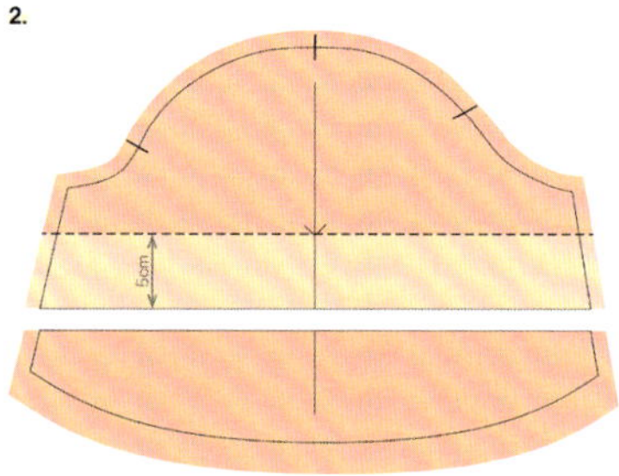

3.

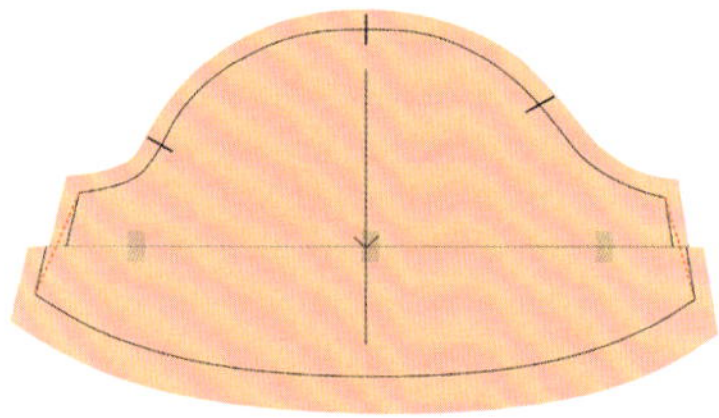

4.

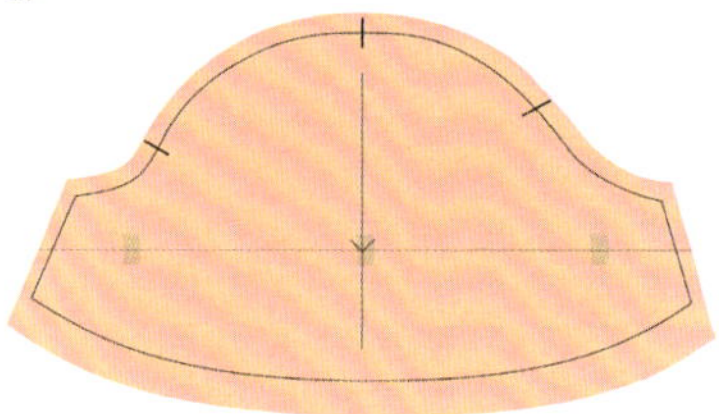

Bei diesem Beispiel eines Ärmelschnittmusters ist die Besonderheit, dass die Seitennähte ausgestellt sind. Nach dem Kürzen des Ärmels müssen daher noch Anpassungen an den Seitennähten vorgenommen werden. So kannst du dein Schnittmuster anpassen:

1. Zeichne zuerst auf dem Ärmelschnittmuster eine waagerechte Linie ein, die im 90°-Winkel verläuft. Orientiere dich am Fadenlauf. Zeichne die Linie so ein, dass zwischen der Linie und der Saumlinie ohne Nahtzugabe noch ein wenig Abstand ist. Schneide dann entlang dieser Linie mit einer Papierschere das Schnittmuster auseinander.

2. Messe und markiere parallel zu einer der ausgeschnittenen Linienkanten die gewünschte Strecke, um das Schnittmuster zu kürzen. In diesem Beispiel beträgt die Kürzungsstrecke 5 cm.

3. An der zuvor gezeichneten Linie klebst du das andere auseinandergeschnittene Schnittteil genau auf die markierte Kürzungsstrecke. Nutze dafür Kleber oder Klebeband. Wenn du es richtig gemacht hast, sollte die Fadenlauflinie genau aufeinandertreffen und gerade verlaufen. An beiden Seitennähten zeichnest du eine Linie von der oberen Ecke bis zur Saumecke neu ein. Je nachdem, wie dein Schnittmuster aussieht, ist das entweder eine gerade oder eine leicht gekrümmte Linie, abhängig von der ursprünglichen Form der Seitennahtlinie.

TIPP: *Falls das Schnittmuster nicht ausreichend Platz an der Seitennaht für die Nahtzugabe bietet, kannst du unter dem Schnittmuster ein Stück Papier ankleben, deine neue Nahtzugabe einzeichnen und das überstehende Papier abschneiden. Orientiere dich an der ursprünglichen Nahtzugabe und zeichne den gleichen Abstand von der Seitennahtlinie ein.*

Mit dieser Technik lassen sich nicht nur Ärmel mit ausgestellter Seitennaht kürzen, sondern auch Hosen und Röcke wie das Schnittmuster The Debbie Skirt.

Zulaufende Seitennähte

1.

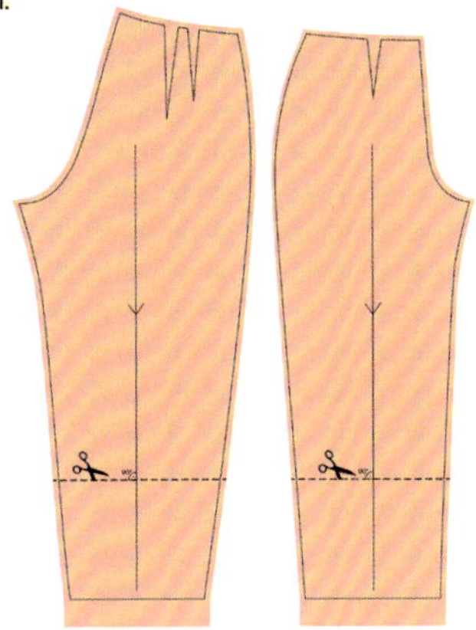

2.

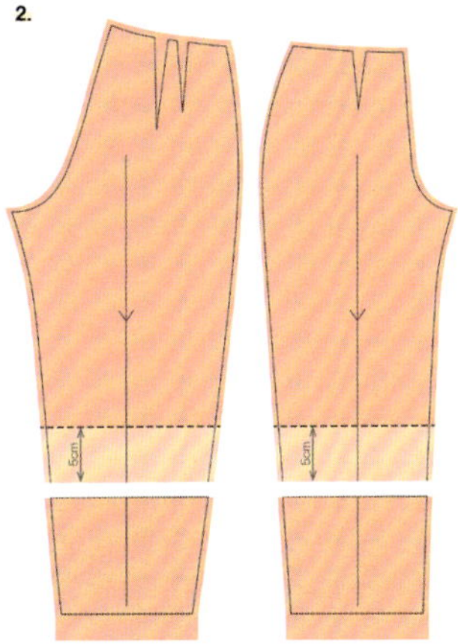

3.

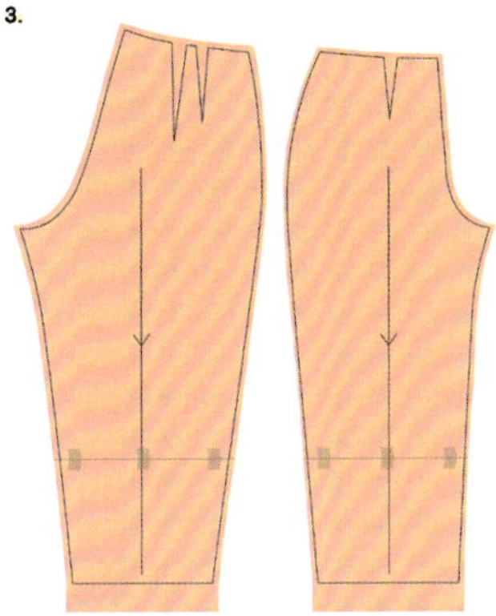

Als Beispiel nehmen wir ein Hosenschnittmuster, welches zum Saum hin eine zulaufende Seiten- und Innennaht aufweist. Wenn du den Saum kürzen möchtest, müssen dort die Innen- und Seitennahtlinien angepasst werden. So kannst du z. B. deine Hose kürzen:

1. Zeichne zuerst auf dem Vorder- und Rückteil der Hose eine waagerechte Linie ein, die im 90°-Winkel verläuft. Orientiere dich am Fadenlauf. Die Linie sollte ungefähr an der Höhe des Knies liegen. Schneide dann entlang dieser Linie mit einer Papierschere das Schnittmuster auseinander.

2. Messe und markiere parallel zu einer der ausgeschnittenen Linienkanten die gewünschte Strecke, um das Schnittmuster zu kürzen. In diesem Beispiel beträgt die Kürzungsstrecke 5 cm.

3. An der zuvor gezeichneten Linie klebst du das andere auseinandergeschnittene Schnittteil genau auf die markierte Kürzungsstrecke. Nutze dafür Kleber oder Klebeband. Wenn du das richtig gemacht hast, sollte die Fadenlauflinie genau aufeinandertreffen und gerade verlaufen. An beiden Seitennähten zeichnest du eine Linie ein, die etwas oberhalb deiner Linie beginnt und bis zur Saumecke verläuft. Je nachdem wie dein Hosenschnittmuster aussieht, ist das entweder eine gerade oder eine leicht gekrümmte Linie, abhängig von der ursprünglichen Form der Seitennahtlinie.

TIPP: *Falls das Schnittmuster nicht ausreichend Platz an der Seitennaht für die Nahtzugabe bietet, kannst du unter dem Schnittmuster ein Stück Papier ankleben, deine neue Nahtzugabe einzeichnen und das überstehende Papier abschneiden. Orientiere dich an der ursprünglichen Nahtzugabe und zeichne den gleichen Abstand von der Seitennahtlinie ein.*

Probiere diese Technik bei deinen Schnittmustern aus, wie z. B. bei den Ärmeln der The Wally Jacket.

SCHNITTMUSTER VERLÄNGERN

Vertikale Seitennähte

1.

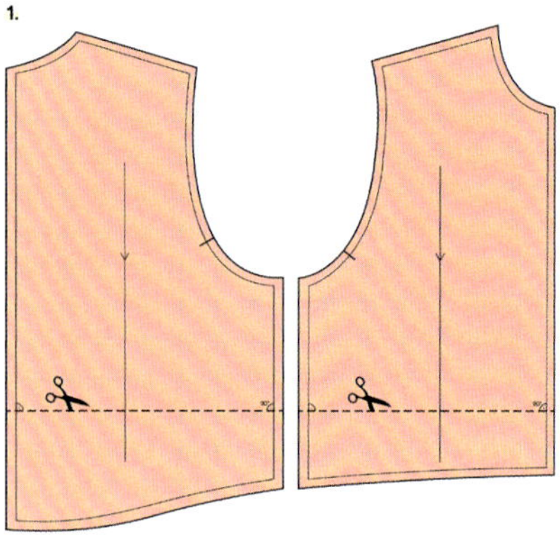

2.

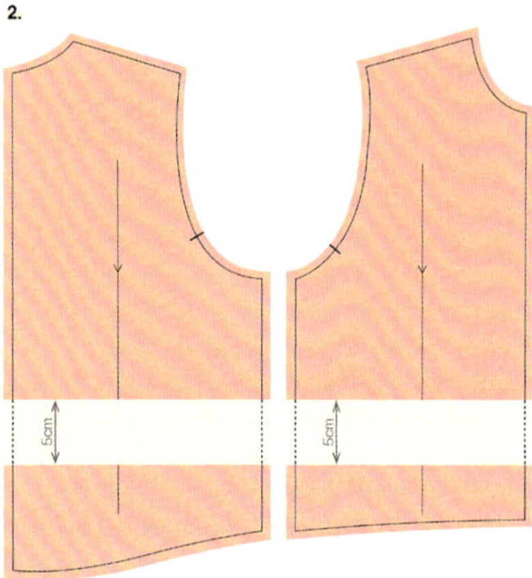

3.

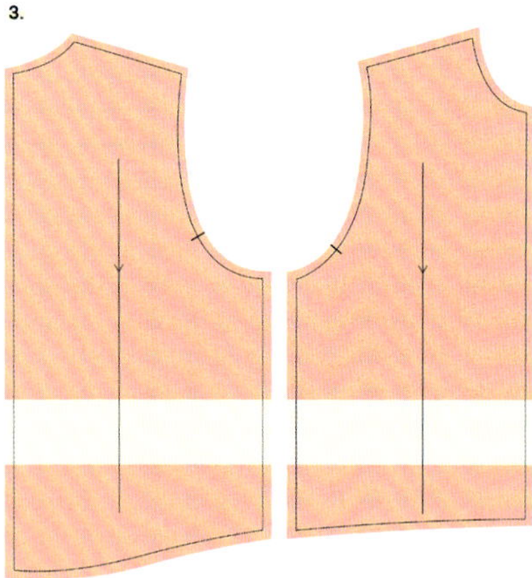

Wir gehen ähnlich wie im Kapitel „Schnittmuster kürzen" vor. Hier verwenden wir erneut das Oberteilschnittmuster mit gerader vorderer und hinterer Mitte, Fadenlauf und Seitennähten. Diese Geradlinigkeit erleichtert die Anpassung des Schnittmusters erheblich.

1. Zeichne zuerst auf dem Schnittmustervorder- und -rückteil des Oberteils eine waagerechte Linie ein, die im 90°-Winkel verläuft. Du kannst diese Linie an der geraden vorderen oder hinteren Mitte, dem Fadenlauf oder den Seitennähten orientieren. Die Linie sollte zwischen dem Armloch und dem Saum liegen. Wo genau du diese Linie einzeichnest, ist nicht wichtig. Schneide dann entlang dieser Linie mit einer Papierschere das Schnittmuster auseinander.

2. Lege ein Stück Papier unter die soeben auseinandergeschnittenen Schnittteile und zeichne zwei waagerechte Linien im gewünschten Verlängerungsabstand voneinander ein. In diesem Beispiel beträgt der Verlängerungsabstand 5 cm. Klebe die Schnittteile mit den auseinandergeschnittenen Kanten entlang der zuvor gezeichneten Linien im gewünschten Verlängerungsabstand auf das Papier. Wenn du dies korrekt durchgeführt hast, sollte an den Seiten ein wenig Papier überstehen.

3. Nun zeichne die vordere und hintere Mitte, den Fadenlauf und die Seitennähte mit einem Stift und Lineal gerade nach. An den Seitenlinien die Nahtzugaben ebenfalls nachziehen und das überstehende Papier abschneiden. Und schon hast du erfolgreich dein Oberteilschnittmuster verändert!

Mit dieser Technik kannst du z. B. das Schnittmuster The Viola Blouse verlängern.

Ausgestellte Seitennähte

1.

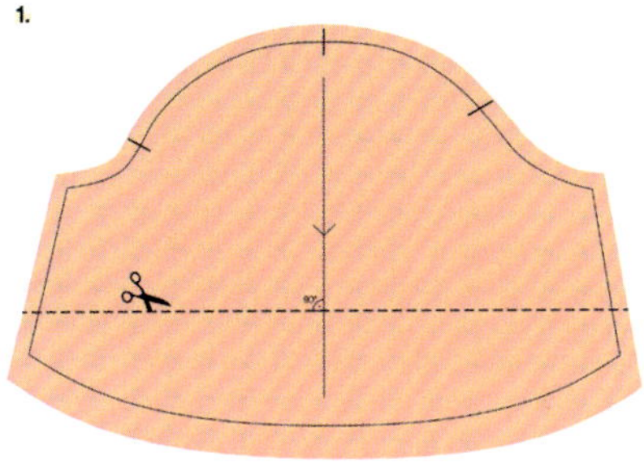

2.

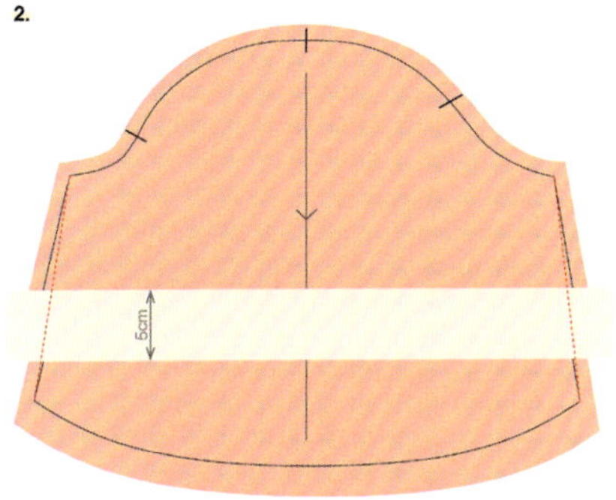

3.

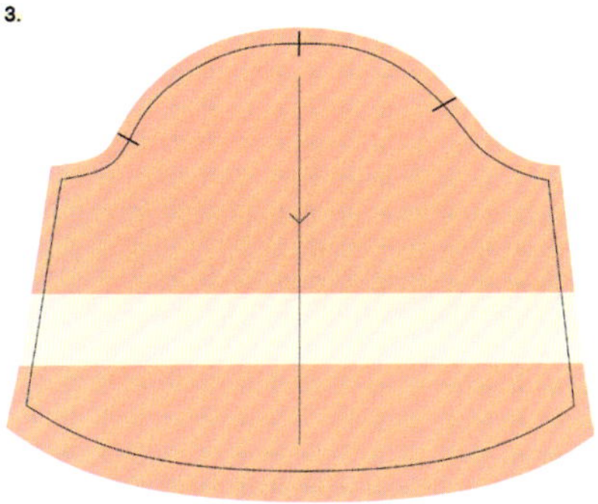

Bei diesem Beispiel mit ausgestellten Seitennähten gehst du genauso vor wie im Abschnitt zuvor. So kannst du dein Ärmelschnittmuster anpassen:

1. Zeichne zuerst auf dem Ärmelschnittmuster eine waagerechte Linie ein, die im 90°-Winkel zum Fadenlauf verläuft. Zeichne die Linie so ein, dass zwischen der Linie und der Saumlinie ohne Nahtzugabe noch etwas Platz bleibt. Schneide dann entlang dieser Linie mit einer Papierschere das Schnittmuster auseinander.

2. Lege ein Stück Papier unter die soeben auseinandergeschnittenen Schnittteile und zeichne zwei waagerechte Linien im gewünschten Verlängerungsabstand voneinander ein. In diesem Beispiel beträgt der Verlängerungsabstand 5 cm. Klebe die Schnittteile mit den auseinandergeschnittenen Kanten entlang der zuvor gezeichneten Linien im gewünschten Verlängerungsabstand auf das Papier. Wenn du dies korrekt durchgeführt hast, sollte an den Seiten ein wenig Papier überstehen.

3. Den Fadenlauf kannst du mit einem Stift und einem Lineal nachziehen. An beiden Seitennähten zeichnest du eine Linie von der oberen Ecke bis zur Saumecke neu ein. Je nachdem, wie dein Schnittmuster aussieht, zeichnest du entweder eine gerade oder eine leicht gekrümmte Linie, abhängig von der ursprünglichen Form der Seitennahtlinie. Genauso verfährst du mit der Nahtzugabe. Das überstehende Papier abschneiden. Und schon hast du erfolgreich dein Schnittmuster verändert!

Das Schnittmuster The Kylie Dungaree Dress eignet sich beispielsweise für diese Technik. Versuche, die Rocklänge an deinen persönlichen Stil anzupassen.

Zulaufende Seitennähte

1.

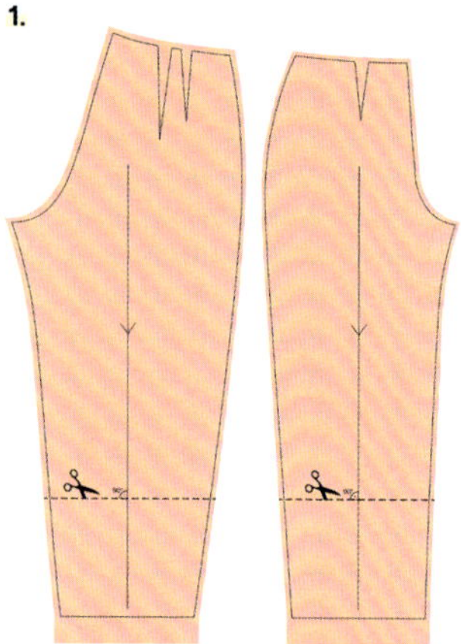

2.

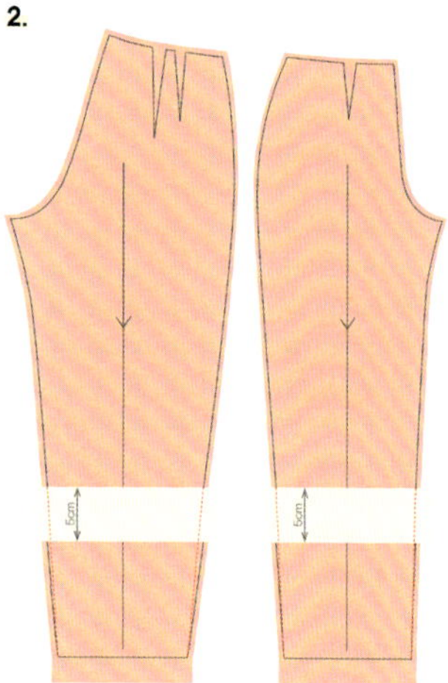

3.

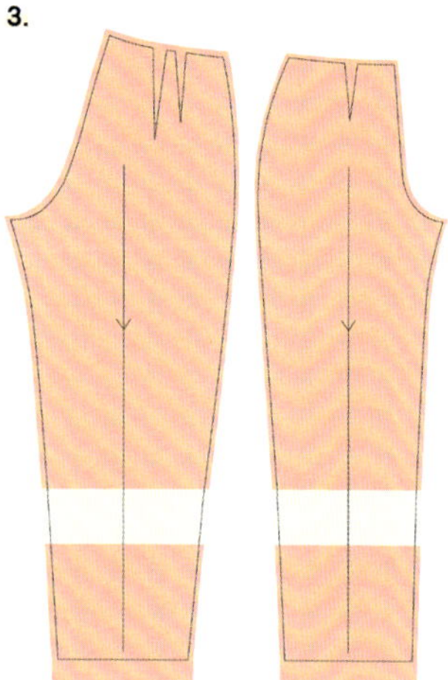

In diesem Beispiel zeigen wir dir am Beispiel eines Hosenschnittmusters, wie du Schnittmuster mit zulaufenden Seitennähten verlängern kannst:

1. Zeichne zuerst auf dem Schnittmustervorder- und -rückteil der Hose eine waagerechte Linie ein, die im 90°-Winkel verläuft. Orientiere dich am Fadenlauf. Die Linie sollte ungefähr an der Kniehöhe liegen. Schneide dann entlang dieser Linie mit einer Papierschere das Schnittmuster auseinander.

2. Lege ein Stück Papier unter die soeben auseinandergeschnittenen Schnittteile und zeichne zwei waagerechte Linien im gewünschten Verlängerungsabstand voneinander ein. In diesem Beispiel beträgt der Verlängerungsabstand 5 cm. Klebe die Schnittteile mit den auseinandergeschnittenen Kanten entlang der zuvor gezeichneten Linien im gewünschten Verlängerungsabstand auf das Papier. Wenn du dies korrekt durchgeführt hast, sollte an den Seiten ein wenig Papier überstehen.

3. Den Fadenlauf kannst du mit einem Stift und einem Lineal nachziehen. An beiden Seitennähten zeichnest du eine Linie ein, die etwas oberhalb deiner Linie beginnt und bis zur Saumecke verläuft. Je nachdem, wie dein Schnittmuster aussieht, zeichnest du entweder eine gerade oder eine leicht gekrümmte Linie, abhängig von der ursprünglichen Form der Seitennahtlinie. Genauso verfährst du mit der Nahtzugabe. Das überschüssige Papier kannst du abschneiden. Und schon hast du erfolgreich dein Schnittmuster mit zulaufenden Seitennähten verändert!

Diese Technik kannst du beispielsweise bei den Ärmeln des Schnittmusters The Noella Blouse anwenden.

SCHWIERIGKEITSGRADE

Ich finde, ein Nähprojekt muss in allererster Linie eins tun: Spaß machen! Wir verzichten auf schwierige Methoden, die lange dauern, mühselig sind und nur fortgeschrittenen Näher*innen gelingen. Das bedeutet, Projekte mit Schwierigkeitsstufe 3 sind dennoch nicht nur für Profis geeignet, das ist wichtig zu sagen!

Dennoch unterscheiden sich die Schnittmuster leicht in ihrer Schwierigkeit. Die verschiedenen Stufen möchte ich kurz erläutern:

SCHWIERIGKEITSGRAD

SUPER EINFACH: Die Schnittmuster mit Stufe „Super einfach" sind bereits für NähanfängerInnen geeignet, die nach einer Näheinführung ihr erstes Projekt starten möchten.

SCHWIERIGKEITSGRAD

EINFACH: Die Schnittmuster mit Stufe „Einfach" sind für Hobbynäher*innen gedacht, die ihre ersten Projekte bereits gemeistert haben und mit einfachen Nähtechniken klarkommen.

SCHWIERIGKEITSGRAD

MITTEL: Die Schnittmuster mit Stufe „Mittel" sind für etwas versiertere Näher*innen entworfen, denn hier kommen leicht fortgeschrittene Techniken zum Einsatz. Aber keine Sorge, mit den einfachen Erläuterungen und der Schritt-für-Schritt-Videoanleitung meisterst du die Techniken im Nu.

VOR DEM NÄHEN

WASCHEN

Das Vorwaschen von Stoffen vor dem Nähen ist eine entscheidende Vorbereitungsmaßnahme! Der Schritt dient dazu, den Stoff von etwaigen Schadstoffen, Chemikalien oder Appreturen zu befreien, die sich während der Herstellung und Lagerung angesammelt haben könnten. Darüber hinaus verhindert das Vorwaschen das mögliche Einlaufen des Stoffs nach dem Nähen, da viele Gewebe dazu neigen, sich bei Kontakt mit Wasser zusammenzuziehen. Durch das Vorwaschen werden auch eventuelle Farbblutungen vermieden, die auftreten können, wenn der Stoff zum ersten Mal gewaschen wird, nachdem das fertige Kleidungsstück bereits genäht wurde. Insgesamt gewährleistet das Vorwaschen nicht nur die Reinheit des Stoffes, sondern auch eine korrekte Passform und Formbeständigkeit des Endprodukts, was zu einem professionellen und qualitativ hochwertigen Nähprojekt führt.

VERSTÄRKEN

Das Verstärken eines Stoffes mit Einlage, wie zum Beispiel Vlieseline, ist wichtig, um dem Gewebe zusätzliche Stabilität, Struktur, Haltbarkeit und Form zu verleihen. Vlieseline ist eine Art von Einlage, die aus einem schmelzbaren Material besteht. Beim Verstärken wird die Vlieseline auf die Rückseite des Stoffes aufgebügelt, wobei die klebende Seite der Einlage auf die Stoffrückseite trifft. Dieser Vorgang erfordert das Anwenden von Hitze, beispielsweise mit einem Bügeleisen, um die Klebeschicht zu aktivieren und die Einlage mit dem Stoff zu verbinden. Man verstärkt beispielsweise Kragen, Manschetten, Knopfleisten oder weitere Teile eines Kleidungsstücks. Die Auswahl der richtigen Art und Gewichtsklasse der Vlieseline hängt vom Stoff und dem gewünschten Effekt ab. Welche Einlage für welches Schnittmuster geeignet ist, liest du auf der jeweiligen Projektseite nach.

VERSÄUBERN

Das Versäubern von Stoffen bedeutet, die Kanten von Geweben mit Nähten zu umschließen und damit zu verhindern, dass sie ausfransen. Dieser Prozess erhöht nicht nur die Haltbarkeit des Endprodukts, sondern verleiht dem Kleidungsstück auch ein sauberes und professionelles Finish. Ob du deine Nähmaschine mit einem Zickzackstich nutzt oder eine Overlockmaschine einsetzt, entscheidest du.

PROJEKTE

THE Oversized T-SHIRT

SCHWIERIGKEITSGRAD

Das perfekte Oversized T-Shirt darf heutzutage in keinem Kleiderschrank mehr fehlen. Also nichts wie ran an die Nähmaschine, denn was ist cooler als ein selbst gemachtes Basic-Teil, das sich einfach zu allem kombinieren lässt? Das Oversized T-Shirt ist eins der beliebtesten JULIANA-MARTEJEVS-Schnittmuster überhaupt, denn der übergroße Sitz mit den weiten Ärmeln passt einfach zu jedem Figurtyp.

Materialien

GEEIGNETE STOFFE

Jerseystoffe

VON MIR VERNÄHTER STOFF

Baumwolljersey mit 5% Elasthan, GOTS-zertifiziert, 200 g/m^2

STOFFMENGE

Bei einer Stoffbreite von 140 cm:

OBERSTOFF:

XS–L: 110 cm | XL–XXXL: 200 cm

ZUSÄTZLICHE MATERIALIEN

Stoffetikett (optional)

BENÖTIGTES WERKZEUG

Jerseynähmaschinennadel

Zuschnitt

- 1x Vorderteil im Bruch (SB 4)
- 1x Rückteil im Bruch (SB 4)
- 1x Halslochbündchen (SB 4)
- 2x Ärmel gegengleich (SB 4)

ENTHALTENE NAHTZUGABEN:

Alle Nähte: 1 cm

Nähte zum Annähen des Bündchens: 0,7 cm

Säume: 2 cm

Den Schnittlageplan zu diesem Projekt findest du auf Seite 124.

#TheOversizedTshirt

HIER GEHT'S ZUM VIDEO-TUTORIAL:

www.julianamartejevs.com/tutorials

Los geht's

1

2

3

4

ALLGEMEINES

Beim Nähen mit der Haushaltsnähmaschine: Nähe mit einem Stretchstich mit einer Stichlänge von 2,5 und mit einer Jerseynadel. Wenn nicht anders angegeben, beträgt die Nahtzugabe immer 1 cm.
Beim Nähen mit der Overlock: Kürze die Nahtzugaben auf die Breite deiner Overlocknaht und schließe die Seiten-, Schulter- und Belegnähte mit einem 4-Faden-Overlockstich. Bügle die Nahtzugaben immer zusammen in Richtung des Vorderteils.

1 SEITEN- UND SCHULTERNÄHTE

Lege das Vorderteil rechts auf rechts auf das Rückteil und stecke sowohl die Schulternähte …

2 … als auch die Seitennähte aufeinander. Schließe die Seiten- und Schulternähte. Bügle die Nahtzugaben auseinander.

3 ÄRMEL

Falte die Ärmel rechts auf rechts und stecke die Ärmelnähte aufeinander.

4 Schließe die Ärmelnähte und bügle die Nahtzugaben auseinander.

5

7

6

8

5 Stecke die Ärmel rechts auf rechts in die jeweiligen Armlöcher. Verteile dabei die Mehrweite gleichmäßig.

6 **WICHTIG!** *Der einzelne Knips gehört zum Vorderteil, der doppelte Knips gehört zum Rückteil. Ärmel- und Seitennaht treffen aufeinander. Der obere Knips des Ärmels trifft auf die Schulternaht des Korpus.*

7 Nähe die Ärmel in die Armlöcher.

WICHTIG! *Der Ärmel enthält Mehrweite. Das heißt, die Strecke ist etwas länger als die des Armlochs. Deshalb beim Nähen leicht das Armloch dehnen, damit die Strecken beim Nähen gleich lang sind.*

8 **HALSLOCHBÜNDCHEN**

Lege die kurzen Seiten des Halslochbündchens rechts auf rechts und stecke sie zusammen.

Weiter geht's

9

11

10

12

9 Schließe die kurze Naht. Bügle die Nahtzugaben auseinander. Falte das Bündchen in der Hälfte, sodass die langen Seiten aufeinanderliegen. Bügle einen scharfen Bruch in die gefaltete Kante.

10 Stecke die offenen, aufeinanderliegenden Lagen rechts auf rechts in das Halsloch. Die Naht des Halslochbündchens wird an die hintere Mitte gesteckt. Der Knips wird an die vordere Mitte gesteckt.

11 Schließe die gesteckte Strecke füßchenbreit.

WICHTIG! *Das Halslochbündchen ist kürzer als die Strecke des Halslochs. Daher das Bündchen dehnen, sodass sie beim Nähen gleich lang sind.*

Bügle die Nahtzugaben und dämpfe die Mehrweite ein. Optional kannst du die Nahtzugaben des Bündchens in Richtung T-Shirt legen und knappkantig von rechts absteppen.

12 SÄUMEN

Falte 2 cm der Saumkante nach links und bügle den Bruch scharf. Stecke den umgefalteten Saum fest. Steppe den Saum knappkantig neben der offenen Kante ab und bügle den Saum flach.

13

14

13 Wiederhole dies an den Ärmelsäumen

14 Bügle das The Oversized T-Shirt komplett aus. Optional kannst du noch ein Stoffetikett mit Handstichen an den oberen beiden Ecken in die hintere Mitte auf die Nahtzugaben des Halslochbelegs nähen.

Fertig!

THE Cara TOP

SCHWIERIGKEITSGRAD

Das Cara Top ist ein asymmetrisches Jerseytop, das zwar sehr einfach zu nähen ist, aber viel hermacht! Ob uni oder mit aufregendem Muster, das Top ist sehr vielfältig. Kombiniere es lässig mit Jeanshose oder einem Midirock. Dazu Sonnenbrille auf, Statement Tasche über die Schulter und los geht's!

Materialien

GEEIGNETE STOFFE

Jerseystoffe

VON MIR VERNÄHTER STOFF

Viskosejersey mit 5 % Elasthan, Öko-Tex-Standard 100 Produktklasse 2 zertifiziert, 220 g/m²

STOFFMENGE

Bei einer Stoffbreite von 140 cm:

OBERSTOFF:

XS–XL: 70 cm | XXL–XXXL: 75 cm

Zuschnitt

ZUSÄTZLICHE MATERIALIEN

- Stoffetikett (optional)

WERKZEUG

- Jerseynähmaschinennadel

- 1x Vorderteil (SB 2)
- 1x Rückteil (SB 2)
- 1x Halslochbeleg (SB 2)
- 1x Armlochbeleg (SB 2)

ENTHALTENE NAHTZUGABEN:

Alle Nähte: 1 cm

Säume: 2 cm

Nähte zum Annähen der Belege: 0,7 cm

Den Schnittlageplan zu diesem Projekt findest du auf Seite 124.

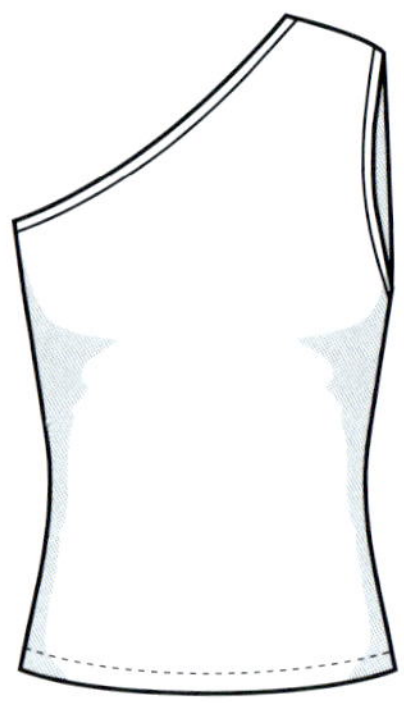

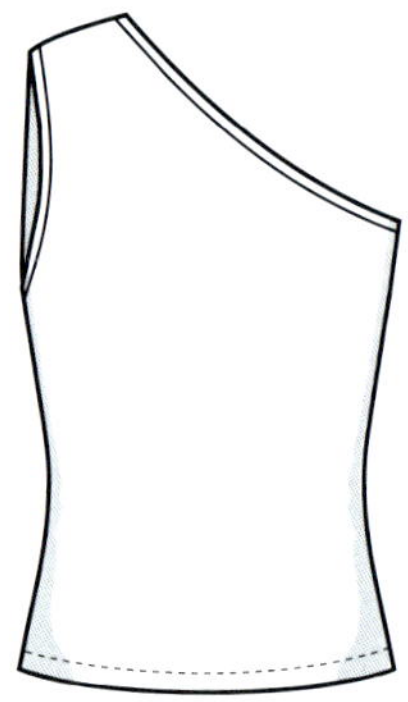

#TheCaraTop

HIER
GEHT'S ZUM
VIDEO-TUTORIAL:
www.julianamartejevs.com/tutorials

Los geht's

1

2

3

4

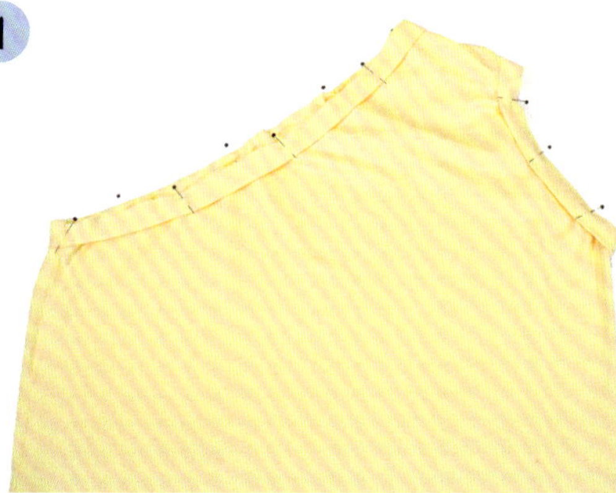

1 SEITEN- UND SCHULTERNÄHTE

Lege das Vorderteil rechts auf rechts auf das Rückteil und stecke Schulter- sowie Seitennähte aufeinander. Schließe die Seiten- und Schulternähte und bügle die Nahtzugaben auseinander.

2 HALS- UND ARMLOCHBELEG

Lege die kurzen Seiten des Hals- und Armlochbelegs rechts auf rechts und stecke sie zusammen. Schließe jeweils die kurze Naht.

3 Bügle die Nahtzugaben auseinander. Falte die Belege in der Hälfte links auf links, sodass die langen Seiten aufeinanderliegen. Bügle jeweils einen scharfen Bruch in die gefalteten Kanten.

4 Stecke die offenen, aufeinanderliegenden Lagen rechts auf rechts in das Halsloch bzw. Armloch. Die Naht des Halslochbelegs trifft auf die Seitennaht. Die Naht des Armlochbelegs trifft auf die andere Seitennaht. Nähe die Belege füßchenbreit fest.

WICHTIG! *Die Belege sind kürzer als die Strecke des Halslochs bzw. Armlochs. Dehne daher die Belege, sodass die Strecken beim Nähen gleich lang sind.*

5

7

6

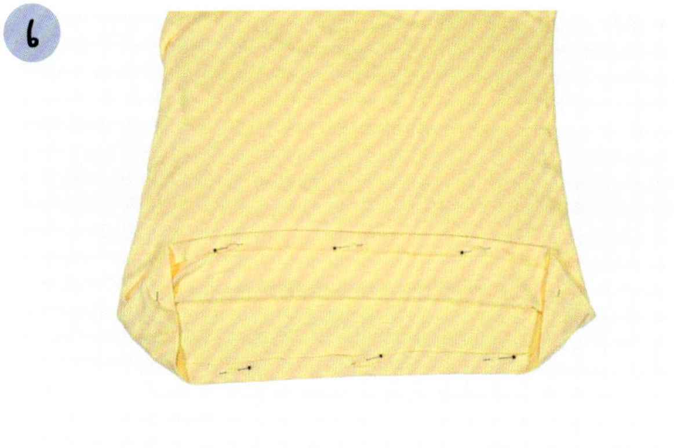

5 Bügle die Nahtzugaben und dämpfe die Mehrweite ein. Optional kannst du die Nahtzugaben des Belegs in Richtung Top legen und knappkantig von rechts absteppen.

6 SÄUMEN

Falte 2 cm der Saumkante nach links und bügle den Bruch scharf. Stecke den umgefalteten Saum fest und steppe ihn knappkantig neben der offenen Kante ab. Bügle den Saum flach.

7 Bügle das The Cara Top abschließend komplett aus. Optional kannst du noch ein Stoffetikett mit Handstichen an den oberen beiden Ecken in die hintere Mitte auf die Nahtzugaben des Halslochbelegs nähen.

Fertig!

THE Viola BLOUSE

SCHWIERIGKEITSGRAD

Wenn ich mir die perfekte Bluse für den Alltag vorstelle, dann denke ich an die Viola Blouse. Sie hat einfach alles, was ein Oberteil für den nächsten Cafébesuch braucht: eine lockere Silhouette, einen femininen Einfluss, und sie lässt sich aus einer hochwertigen Popeline nähen. Schwer zu nähen ist sie überhaupt nicht, denn größtenteils braucht es gerade Nähte, und doch sieht sie nach so viel mehr aus. Eins der spaßigsten Nähprojekte in diesem Buch, wie ich finde!

Materialien

GEEIGNETE STOFFE

Baumwollpopeline, Leinen, leichte Jeansstoffe, Seersucker

VON MIR VERNÄHTER STOFF

Baumwollpopeline, 120 g/m2

STOFFMENGE

Bei einer Stoffbreite von 140 cm:

OBERSTOFF:

XS–XXXL: 220 cm

BÜGELEINLAGE:

XS–XXXL: 75 cm

ZUSÄTZLICHE MATERIALIEN

- Eckenformer (optional)
- Stoffetikett (optional)

Zuschnitt

OBERSTOFF:

- 2x Vorderteil gegengleich (SB 5)
- 1x Rückteil im Bruch (SB 5)
- 2x oberer Ärmel gegengleich (SB 5)
- 2x unterer Ärmel gegengleich (SB 5)
- 2x Vorderteilbeleg gegengleich (SB 5)
- 1x Rückteilbeleg im Bruch (SB 5)
- 12x Schleifenband (SB 5)
- 2x vorderer Volant gegengleich (SB 5)
- 1x hinterer Volant im Bruch (SB 5)

EINLAGE:

- 2x Vorderteilbeleg gegengleich (SB 5)
- 1x Rückteilbeleg im Bruch (SB 5)

ENTHALTENE NAHTZUGABEN:

Alle Nähte: 1 cm

Säume: 2 cm

Den Schnittlageplan zu diesem Projekt findest du auf Seite 124.

#TheViolaBlouse

HIER GEHT'S ZUM VIDEO-TUTORIAL:

www.julianamartejevs.com/tutorials

Los geht's

1 SEITEN- UND SCHULTERNÄHTE

Lege das Vorder- und Rückteil rechts auf rechts und stecke die Schulter- sowie Seitennähte aufeinander. Schließe alle vier Nähte und bügle die Nahtzugaben auseinander.

2 VOLANT

Lege die Volantschnittteile rechts auf rechts aufeinander und stecke die kurzen Strecken fest, das hintere Volantteil liegt dabei in der Mitte, die vordere Mitte bleibt offen. Schließe beide Seitennähte und bügle die Nahtzugaben auseinander.

3 Nähe auf dem Volant zwei parallele Nähte mit einer Stichlänge von 4,0 im Abstand von 0,5 und 0,7 cm zur oberen Kante, verriegle dabei weder am Anfang noch am Ende. Am Anfang und Ende der Naht 2 cm Platz bis zur hinteren Mitte lassen. Halte die beiden Oberfäden fest und raffe den Stoff zusammen, bis die Breite des Volants genau der Länge der unteren Kante des Oberteils entspricht.

4 Stecke den gekräuselten Volant rechts auf rechts auf die untere Kante des Oberteils und nähe ihn an. Bügle die Nahtzugaben in Richtung des Oberteils.

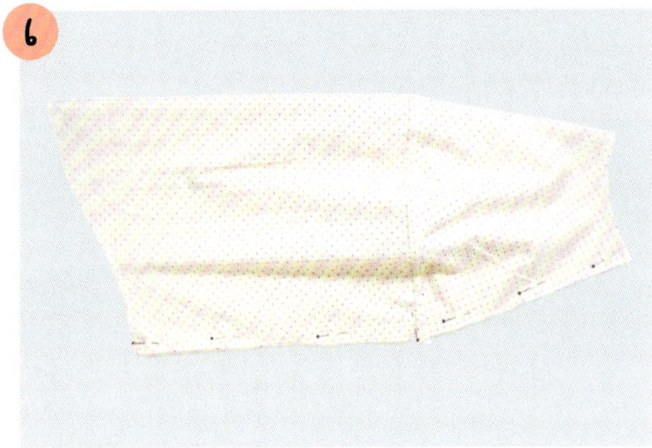

5 ÄRMEL

Stecke den oberen und unteren Ärmel rechts auf rechts entlang der runden Strecke aufeinander und schließe die Naht. Bügle die Nahtzugaben in Richtung des unteren Ärmels und steppe sie füßchenbreit von rechts ab.

6 Falte den zusammengesetzten Ärmel rechts auf rechts und stecke die Ärmelnaht fest. Schließe die Ärmelnaht und bügle die Nahtzugaben auseinander.

7 Stecke die Ärmel jeweils rechts auf rechts in die Armlöcher, verteile dabei die Mehrweite im oberen vorderen und mehrheitlich hinteren Ärmel gleichmäßig. Nähe die Ärmel ein und bügle die Nahtzugaben flach.

8 BELEG

Bügle zunächst die Einlage auf die Belegteile. Lege dann den vorderen und hinteren Beleg rechts auf rechts und stecke die Schulternähte zusammen. Schließe die Schulternähte und bügle die Nahtzugaben auseinander.

Weiter geht's

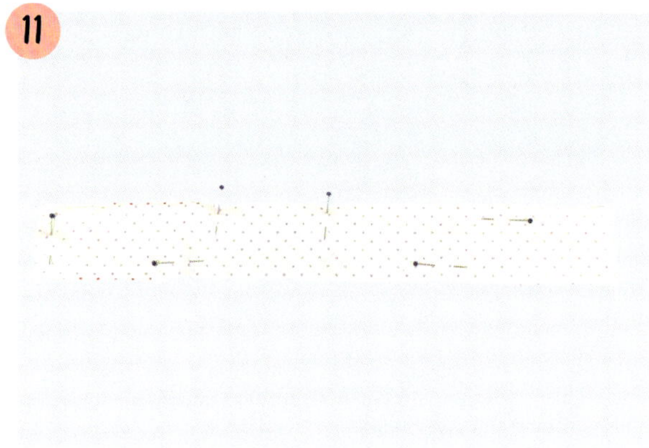

9 Lege den zusammengesetzten Beleg rechts auf rechts auf die vordere Kante und das Halsloch des Oberteils und stecke ihn von Saum bis Saum fest. Nähe den Beleg fest und bügle die Nahtzugaben flach.

10 Schneide die Nahtzugaben an den Ecken diagonal zurück und in den Rundungen bis knapp vor die Naht ein. Achte darauf, die Naht nicht zu verletzen. Wende den Beleg anschließend und bügle die Belegnaht ringsherum flach. Steppe den Beleg von rechts mit einem Abstand von 3 cm zur vorderen Kante und dem Halsloch ab.

11 SCHLEIFENBÄNDER

Lege jeweils zwei Schleifenbänder rechts auf rechts aufeinander (in Summe entstehen 6 Schleifenbänder) und stecke sie ringsherum zusammen. Markiere eine Wendeöffnung von 5 cm. Nähe ringsherum zusammen und verriegle die Naht vor und nach der Wendeöffnung.

12 Schneide die Ecken der Nahtzugaben diagonal kurz zurück. Achte darauf, die Naht nicht zu verletzen. Wende die Schleifenbänder.

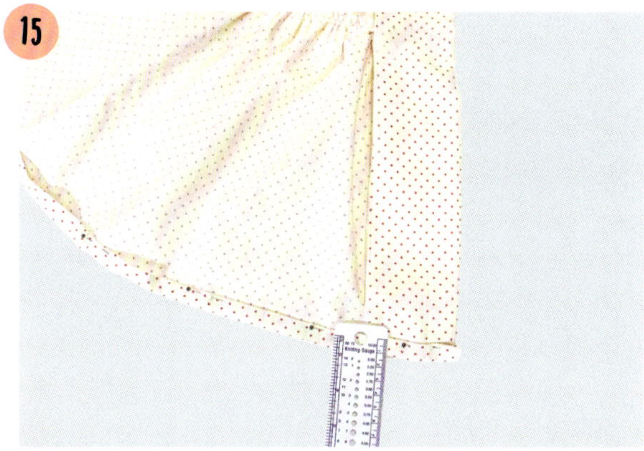

13 Bügle die Schleifenbänder flach. Stecke die Wendeöffnung zusammen und steppe dann die lange Seite mit der Wendeöffnung knappkantig von rechts ab, schließe dabei die Wendeöffnung.

14 Fixiere die fertigen Schleifenbänder mit Stecknadeln an den markierten Positionen auf den Vorderteilen. Nähe die Schleifenbänder mit einem Quadrat am äußeren Rand des Bandes ringsherum knappkantig fest. Bügle sie anschließend.

15 **SÄUMEN**
Schlage den Saum 1 cm nach links ein, nochmal 1 cm um und bügle den Stoffbruch glatt. Bereite die Ärmelsäume ebenso vor. Steppe die umgeschlagenen Säume knappkantig ab und bügle sie schön flach.

16 Bügle die The Viola Blouse abschließend komplett aus. Optional kannst du noch ein Stoffetikett mit Handstichen an den oberen beiden Ecken in der hinteren Mitte auf dem Beleg festnähen.

Fertig!

THE Noella BLOUSE

SCHWIERIGKEITSGRAD

Mit dem oversized Fit und den edlen Rechtslinksnähten ist diese Hemdbluse zugleich bürotauglich und doch wunderbar modern, ob nun ein- oder zweifarbig verarbeitet. Wenn du es richtig bunt magst, dann verleih der Bluse mit coolen Bügelpatches den letzten Schliff.

Materialien

GEEIGNETE STOFFE

Baumwollpopeline, Leinen, leichte Jeansstoffe, Seersucker

VON MIR VERNÄHTER STOFF

Baumwollpopeline, Oeko-Tex-Standard Klasse 100 zertifiziert, 110 g/m²

STOFFMENGE

Bei einer Stoffbreite von 150 cm:

OBERSTOFF:

XS–XXXL: 240 cm

GGF. EINLAGE FÜR DEN KRAGEN, Z. B. VLIESELINE H200:

XS–XXXL: 15 cm

ZUSÄTZLICHE MATERIALIEN

- 6 Knöpfe oder Druckknöpfe
- Patches zum Aufbügeln (optional)
- Stoffetikett (optional)

WERKZEUG

- Knopflochnähfuß
- Eckenformer (optional)

Zuschnitt

BLUSE AUS ZWEI VERSCHIEDENEN STOFFEN

JEWEILS OBERSTOFF 1 UND OBERSTOFF 2 GEGENGLEICH:

- 1x Vorderteil (SB 4)
- 1x Rückteil, mit Nahtzugabe in der hinteren Mitte (SB 4)
- 2x Passe, mit Nahtzugabe in der hinteren Mitte (SB 4)
- 1x Ärmel (SB 4)
- 0–1x Tasche (SB 4)
- 2x Steg gegengleich, mit Nahtzugabe in der hinteren Mitte (SB 4)
- 2x Kragen gegengleich, mit Nahtzugabe in der hinteren Mitte (SB 4)

BLUSE AUS EINEM STOFF

- 2x Vorderteil gegengleich (SB 4)
- 1x Rückteil im Bruch, ohne Nahtzugabe in der hinteren Mitte (SB 4)
- 2x Passe im Bruch, ohne Nahtzugabe in der hinteren Mitte (SB 4)
- 2x Ärmel gegengleich (SB 4)
- 1–2x Tasche (SB 4)
- 2x Steg im Bruch, ohne Nahtzugabe in der hinteren Mitte (SB 4)
- 2x Kragen im Bruch, ohne Nahtzugabe in der hinteren Mitte (SB 4)

ENTHALTENE NAHTZUGABEN:

Alle Nähte: 1 cm

Seitennähte und Armkugel: 1,5 cm

Säume: 2 cm

Den Schnittlageplan zu diesem Projekt findest du auf Seite 125.

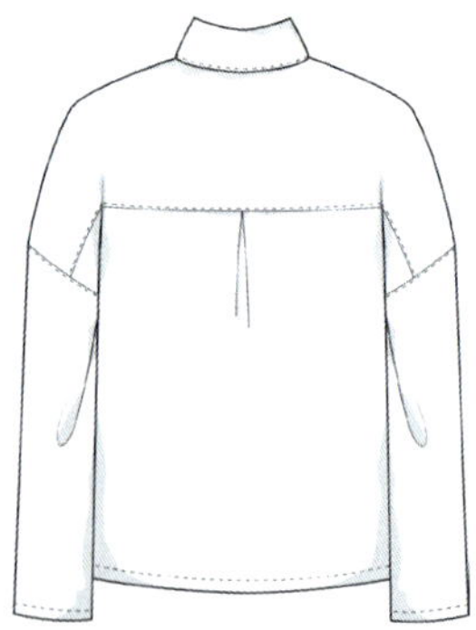

HIER GEHT'S ZUM VIDEO-TUTORIAL:

www.julianamartejevs.com/tutorials

TIPP: *Die Bluse lässt sich auch als kurze „Cropped"-Variante nähen. Einfach die entsprechende Saumlinie auf dem Schnittteil auswählen.*

#TheNoellaBlouse

Los geht's

1

3

2

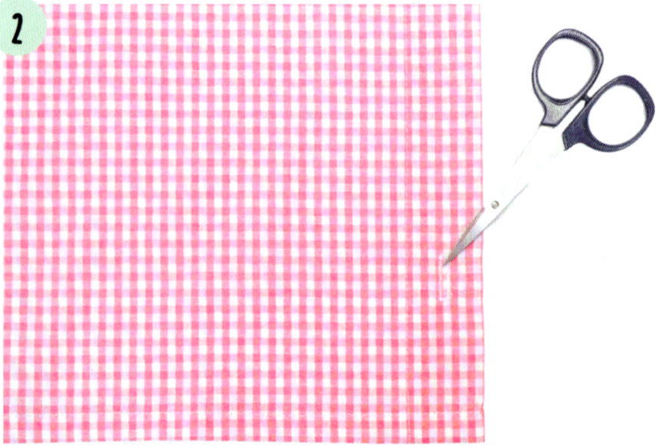

4

1 KNOPFLEISTE

Schlage an den vorderen Kanten erst 1 cm, dann weitere 3 cm nach links ein und bügle den Stoffbruch. Stecke die eingeschlagene Kante fest. Steppe die vordere Leiste knappkantig neben der 1 cm breit umgeschlagenen Kante ab. Bügle die Knopfleiste.

2 Markiere die Knopflochpositionen an der vorderen Leiste. Nähe Knopflöcher im rechten Vorderteil passend zur gewählten Knopfgröße als senkrechtes Knopfloch und schneide sie vorsichtig auf.

3 BRUSTTASCHE

Es können ein oder zwei Brusttaschen verarbeitet werden. Schlage die obere Kante der Brusttasche 2 cm und erneut 2 cm ein und stecke die umgeschlagene Kante fest. Steppe die Kante knappkantig ab und bügle die Naht.

4 Schlage die drei weiteren Kanten jeweils 1 cm nach links um und bügle sie flach.

5

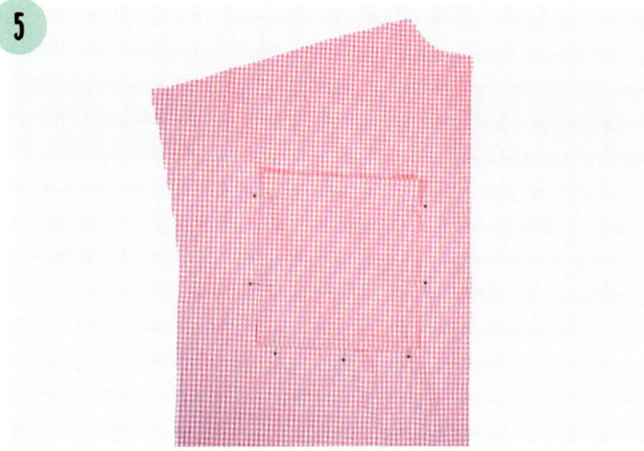

6

7

8

5 Stecke die vorbereitete Tasche auf die markierte Position auf das Vorderteil. Nähe die Tasche an drei Seiten knappkantig auf und bügle sie anschließend.

6 KELLERFALTE

Bei der zweifarbigen Variante der Bluse muss erst noch die hintere Mitte mit einer geraden Naht geschlossen werden. Die Nahtzugaben werden auseinandergebügelt. Bei einer einfarbigen Variante wird die hintere Mitte im Bruch zugeschnitten.

Lege die Falten Richtung hinterer Mitte und stecke sie fest. Nähe die Kellerfalte mit einem Abstand von 0,5 cm zur oberen Kante fest. Bügle die oberen 5 cm der Falte flach.

7 PASSE

Bei der zweifarbigen Variante der Bluse muss erst noch jeweils die hintere Mitte der beiden Passen mit einer geraden Naht geschlossen werden. Die Nahtzugaben werden auseinandergebügelt. Bei der einfarbigen Variante wird die hintere Mitte jeweils im Bruch zugeschnitten.

Lege die Passe rechts auf rechts auf das Rückteil. Die zweite zugeschnittene Passe unten von der anderen Seite an die gleiche Kante legen und alle drei Lagen aufeinanderstecken. Nähe alle drei Lagen zusammen. Bügle von rechts und links, sodass eine glatte Kante entsteht.

8 SCHULTERNÄHTE

Stecke die Schulternähte der Vorderteile an die erste Lage der Passe des Rückteils.

Weiter geht's

9

10

11

12

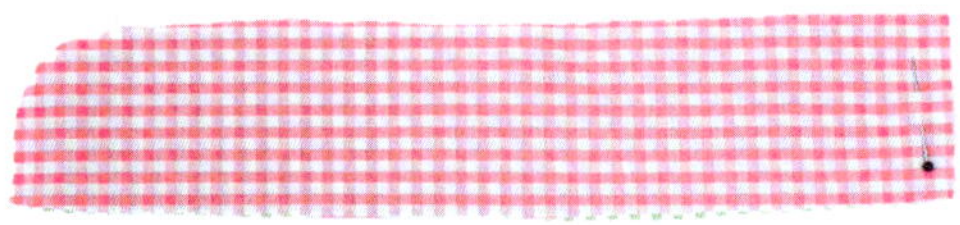

9 Lege die noch nicht festgesteckten Lagen der Passe um das zuvor Gesteckte herum, sodass die Vorderteile zwischen beiden Passenlagen des Rückteils liegen. Stecke alle drei Lagen aufeinander. Beim Stecken auf die Mehrweite der Rückteile achten – hier hilft es, den Stoff etwas zu dehnen. Nähe die beiden gesteckten Schulternähte zusammen. Wende die Bluse und bügle die Schulternähte.

10 ÄRMEL

Stecke die Ärmel jeweils rechts auf rechts zwischen die Knipse der Seitennähte über die Schulterpartien und nähe sie ein. Bügle die Nahtzugaben in Richtung der Ärmel und versäubere sie anschließend zusammen.

11 Lege die Seiten- und Ärmelnähte zuerst links auf links, da in zwei Schritten eine Rechtslinksnaht verarbeitet wird. Stecke die Nähte aufeinander und nähe sie mit einer Nahtzugabe von 0,5 cm zusammen. Bügle die Nahtzugaben flach. Wende die Bluse und stecke die Seiten- und Ärmelnähte rechts auf rechts aufeinander, verdecke dabei die Nahtzugaben und nähe sie mit einer Nahtzugabe von 1 cm zusammen. Bügle die Nahtzugaben flach.

12 KRAGEN

Lege jeweils zwei Stege rechts auf rechts und stecke die kurzen, geraden Seiten aufeinander. Nähe die Stege zusammen. Es entstehen zwei gleiche Stegteile. Bügle die Nahtzugaben auseinander.

13 Lege jeweils zwei Kragenschnittteile rechts auf rechts und stecke die kurzen, geraden Seiten aufeinander. Nähe die Kragenteile zusammen. Es entstehen zwei gleiche Kragenteile. Bügle die Nahtzugaben auseinander.

14 Lege beide zusammengesetzten Kragenteile rechts auf rechts und stecke die drei oberen Kanten aufeinander. Schließe die drei Seiten mit einer Naht und bügle die Nahtzugaben flach.

15 Schneide die Ecken der Nahtzugaben diagonal kurz zurück und wende den Kragen. Bügle die verstürzten Kanten des Kragens flach.

16 Platziere den Kragen mit den offenen Kanten rechts auf rechts zwischen beiden Stegteilen und stecke ihn zwischen den Knipsen fest. Lasse 1 cm am Anfang und Ende der runden Kante des Stegs frei und nähe die restliche Strecke.

Weiter geht's

17

19

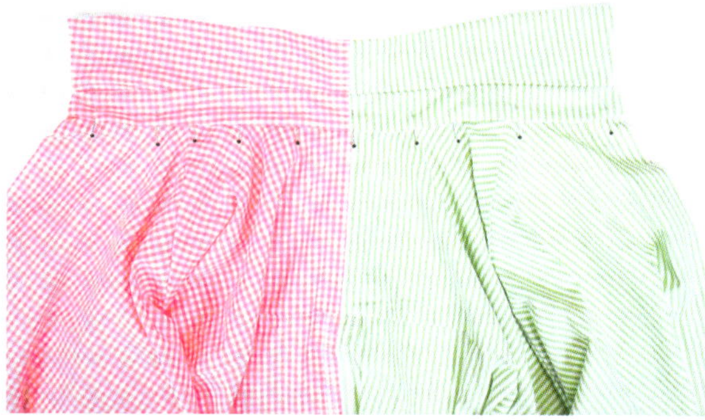

18

20

17 Schneide die Nahtzugaben des Stegs an den Rundungen mit kleinen Vs ein und kürze sie. Wende den Steg und bügle alles flach.

18 Stecke die später äußere Seite des Stegs rechts auf rechts in das Halsloch, das Ende des Stegs trifft dabei auf die vordere Kante. Nähe den Kragen ein. Schneide die Nahtzugaben an den Rundungen ein und bügle sie in Richtung des Stegs.

19 Schlage die innere untere offene Seite des Stegs 1 cm nach links ein und stecke die umgeschlagene Kante so fest, dass die zuvor gefertigte Naht verdeckt wird. Nähe im Schatten der Naht von rechts und fasse dabei links die umgeschlagene Stegkante mit ein. Bügle den Steg.

20 Nähe ein Knopfloch waagerecht auf den Steg und schneide es anschließend auf.

21

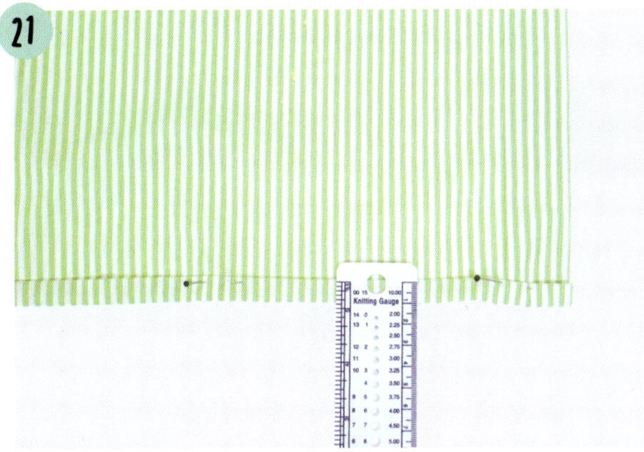

22

23

24

21 SÄUMEN

Schlage den Saum 1 cm ein, erneut 1 cm um und stecke ihn fest. Steppe ihn dann knappkantig ab und bügle ihn flach.

22 Wiederhole das Säumen auf die gleiche Weise bei beiden Ärmeln.

23 Markiere die Knopfpositionen auf den Vorderteilen und nähe die Knöpfe dort an.

24 Optional kannst du nun deine Patches auf die Bluse stecken und nach Herstelleranleitung aufbügeln. Bügle die The Noella Blouse abschließend komplett aus. Wenn du magst, kannst du noch ein Stoffetikett mit Handstichen an den oberen beiden Ecken in die hintere Mitte auf den Steg des Kragens nähen.

Fertig!

THE Sally SWEATER

SCHWIERIGKEITSGRAD

Habe ich schon gesagt, dass ich alltagstaugliche Nähprojekte liebe? Der Sally Sweater ist das Upgrade eines einfachen Sweatpullovers, denn die kleinen Details machen das Design perfekt. Der ausgestellte Saum macht den Schnitt modern, das Bündchen verleiht dem Pullover den sportlichen Touch und die ballonförmigen Ärmel runden den Look ab. Nicht nur zum Joggen die perfekte Wahl!

Materialien

GEEIGNETE STOFFE

Sweatstoffe

VON MIR VERNÄHTER STOFF

Baumwoll-French Terry, Oeko-Tex-Standard Klasse 100 zertifiziert, mit 5 % Elasthan, 280 g/m²
Baumwollbündchen, Oeko-Tex-Standard Klasse 100 zertifiziert, mit 5 % Elasthan, 280 g/m²

STOFFMENGE

Bei einer Stoffbreite von 150 cm:

OBERSTOFF:

XS–XXXL: 145 cm

BÜNDCHEN:

XS–XXXL: 30 cm

ZUSÄTZLICHE MATERIALIEN

- Stoffetikett (optional)

WERKZEUG

- Jerseynähmaschinennadel

Zuschnitt

OBERSTOFF:

- 1x Vorderteil (SB 6)
- 1x Rückteil (SB 6)
- 2x vorderer Ärmel gegengleich (SB 6)
- 2x hinterer Ärmel gegengleich (SB 6)

BÜNDCHEN:

- 1x Halslochbündchen (SB 6)
- 2x Ärmelbündchen (SB 6)

ENTHALTENE NAHTZUGABEN:

Alle Nähte: 1 cm

Saum: 4 cm

Den Schnittlageplan zu diesem Projekt findest du auf Seite 125.

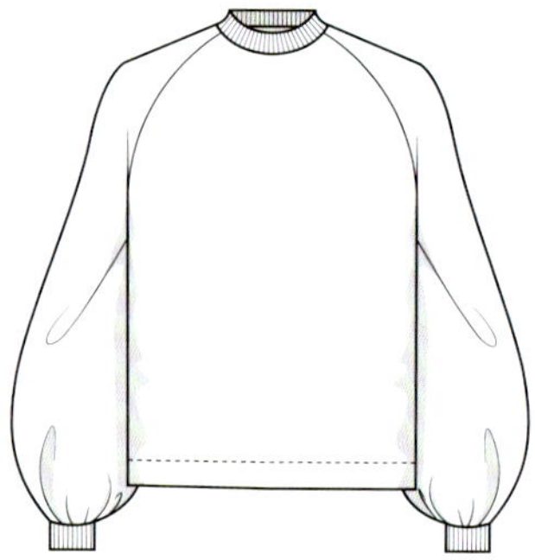

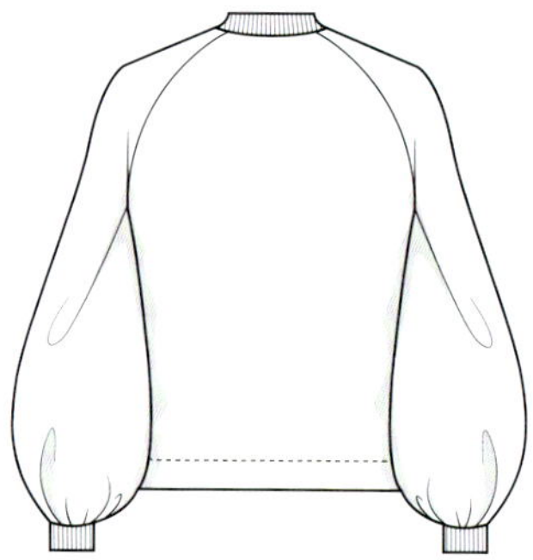

#TheSallySweater

HIER GEHT'S ZUM VIDEO-TUTORIAL:

www.julianamartejevs.com/tutorials

Los geht's

1

3

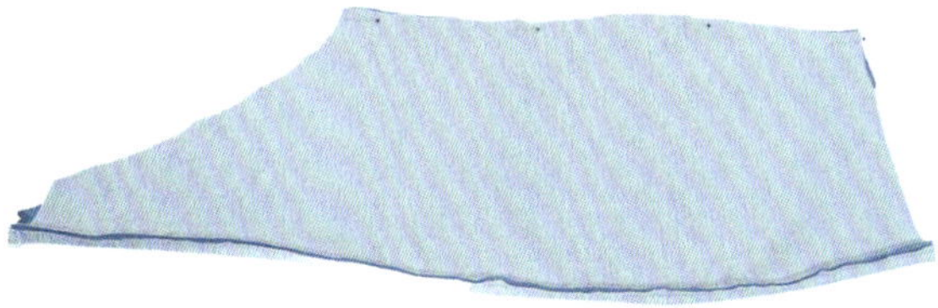

2

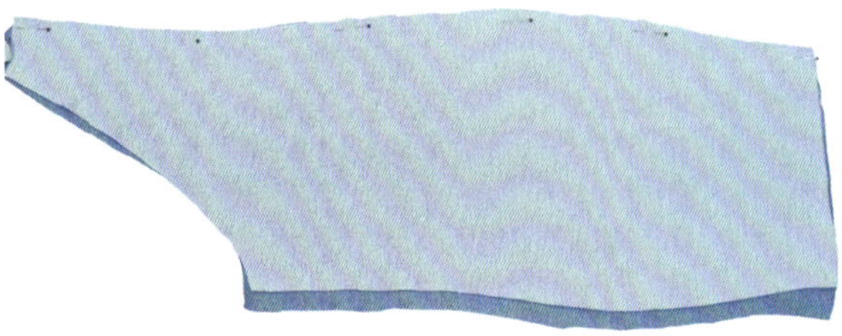

4

ALLGEMEINES

Beim Nähen mit der Haushaltsnähmaschine: Nähe mit einem Stretchstich mit einer Stichlänge von 2,5 und mit einer Jerseynadel. Wenn nicht anders angegeben, beträgt die Nahtzugabe immer 1cm.
Beim Nähen mit der Overlock: Kürze die Nahtzugaben auf die Breite deiner Overlocknaht und schließe die Seiten-, Schulter-, Ärmel- und Bündchennähte mit einem 4-Faden-Overlockstich. Bügle die Nahtzugaben immer zusammen in Richtung des Vorderteils.

1 SEITENNÄHTE

Lege das Vorderteil rechts auf rechts auf das Rückteil und stecke jeweils die Seitennähte aufeinander. Schließe die Seitennähte und bügle die Nahtzugaben auseinander.

2 ÄRMEL

Lege jeweils ein Ärmelschnittteil 1 und 2 rechts auf rechts und stecke die langen Ärmelnähte aufeinander. Schließe die Ärmelnähte und bügle die Nahtzugaben auseinander.

3 Lege jetzt die Ärmel nochmals rechts auf rechts und stecke jeweils die kurzen Ärmelnähte aufeinander. Schließe die Ärmelnähte und bügle die Nahtzugaben auseinander.

4 Falte die Ärmelbündchen jeweils in der Hälfte rechts auf rechts und stecke die kurzen Seiten aufeinander. Schließe die Bündchennaht und bügle die Nahtzugaben auseinander.

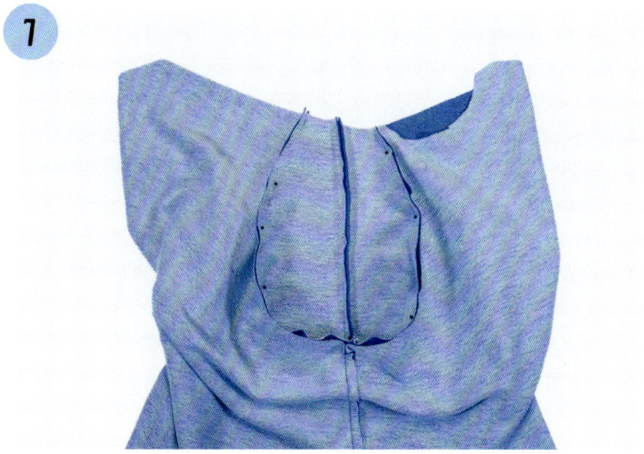

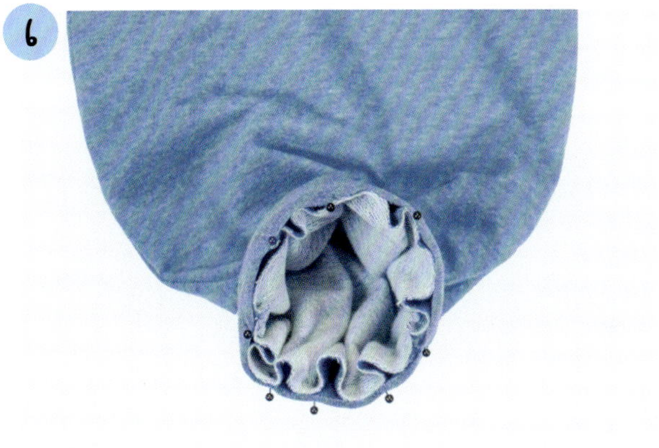

5 Falte das Ärmelbündchen nun in der Mitte links auf links, sodass die offenen Kanten aufeinanderliegen. Bügle den Stoffbruch an der unteren Kante des Bündchens scharf.

6 Stecke die Ärmelbündchen jeweils ringsherum rechts auf rechts um die Säume der Ärmel und verteile die Mehrweite des Ärmels gleichmäßig auf das Bündchen. Nähe nun durch alle drei Lagen (zwei Bündchenlagen, eine Ärmellage) das Bündchen am Ärmel an und bügle die Nahtzugaben flach.

7 Stecke die Ärmel jeweils rechts auf rechts in die Armlöcher, verteile die Mehrweite dabei gleichmäßig. Nähe die Ärmel in die Armlöcher.

WICHTIG! *Der Ärmel enthält Mehrweite. Das heißt, die Strecke ist etwas länger als die des Armlochs. Deshalb beim Nähen leicht das Armloch dehnen, damit die Strecken gleich lang sind.*

8 HALSLOCHBÜNDCHEN

Lege die kurzen Seiten des Halslochbündchens rechts auf rechts und stecke sie zusammen. Schließe die kurze Naht und bügle die Nahtzugaben auseinander.

Weiter geht's

9

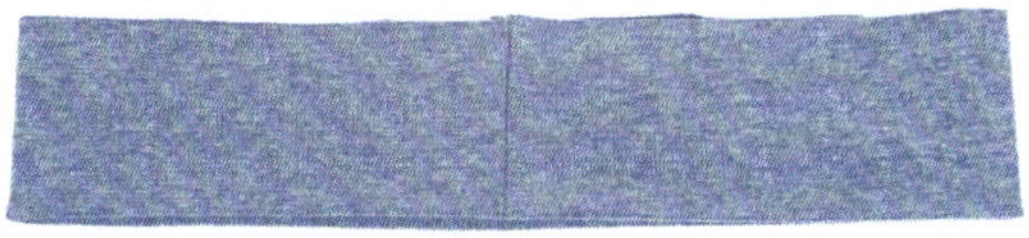

11

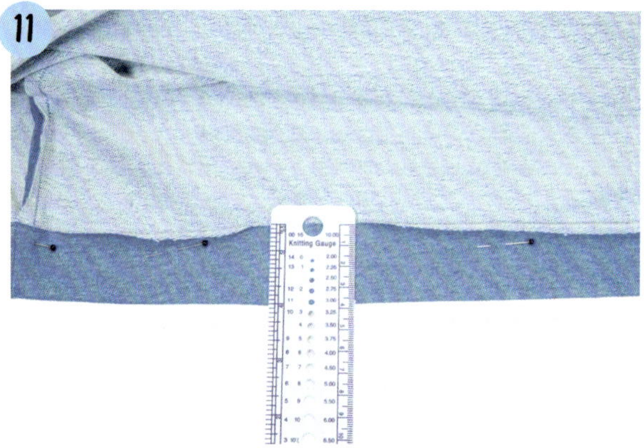

10

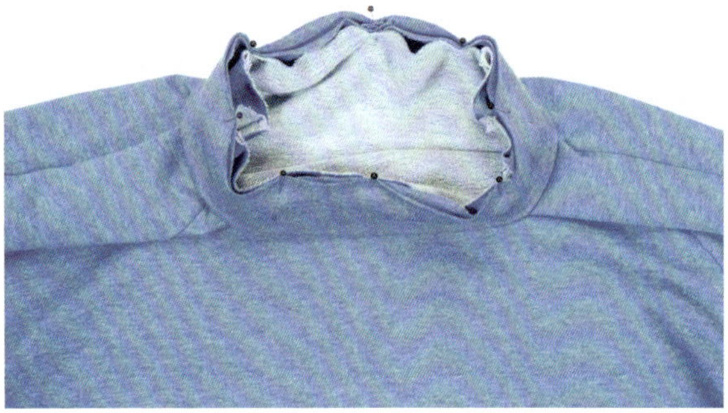

12

9 Falte das Bündchen in der Hälfte links auf links, sodass die langen Seiten aufeinanderliegen. Bügle einen scharfen Bruch in die gefaltete Kante.

10 Stecke die offenen, aufeinanderliegenden Lagen des Bündchens rechts auf rechts in das Halsloch, die Naht des Halslochbündchens wird dabei an die hintere Mitte gesteckt. Nähe das Bündchen füßchenbreit an.

WICHTIG! *Das Halslochbündchen ist kürzer als die Strecke des Halslochs. Dehne daher das Bündchen beim Nähen leicht, sodass die Strecken gleich lang sind.*

Bügle die Nahtzugaben flach und dämpfe die Mehrweite ein. Optional kannst du die Nahtzugaben des Bündchens in Richtung Sweater legen und knappkantig von rechts absteppen.

11 **SÄUMEN**

Falte 4 cm der Saumkante nach links um und bügle den Bruch scharf. Stecke den umgefalteten Saum fest und steppe ihn knappkantig neben der offenen Kante ab. Bügle den Saum flach.

12 Bügle den The Sally Sweater abschließend komplett aus. Optional kannst du noch ein Stoffetikett mit Handstichen an den oberen beiden Ecken in die hintere Mitte auf die innere Seite des Halslochbündchens nähen.

Fertig!

THE T-Shirt DRESS

SCHWIERIGKEITSGRAD

Das T-Shirt Dress ist das perfekte lockere und sportliche Kleid für den Sommer – egal, ob am Strand oder in der City. Mit nur 9 Nähten ist es nicht nur das wahrscheinlich am schnellsten genähte Kleid, sondern auch eins der lässigsten! Übrigens, auch Streifen machen sich beim Shirtkleid gut, denn das verleiht dem Minikleid noch einen maritimen Touch.

Materialien

GEEIGNETE STOFFE

Jerseystoffe

VON MIR VERNÄHTER STOFF

Baumwolljersey mit 5 % Elasthan, 200 g/m²

STOFFMENGE

Bei einer Stoffbreite von 140 cm:

OBERSTOFF:

XS–L: 130 cm | XL–XXXL: 250 cm

ZUSÄTZLICHE MATERIALIEN

- Stoffetikett (optional)

WERKZEUG

- Jerseynähmaschinennadel

Zuschnitt

- 1x Vorderteil im Bruch (in zwei Teilen, SB 5)
- 1x Rückteil im Bruch (in zwei Teilen, SB 5)
- 1x Halslochbündchen (SB 5)
- 2x Ärmel gegengleich (SB 5)

ENTHALTENE NAHTZUGABEN:

Alle Nähte: 1 cm

Nähte zum Annähen des Bündchens: 0,7 cm

Säume: 2 cm

Den Schnittlageplan zu diesem Projekt findest du auf Seite 125.

#TheTShirtDress

HIER
GEHT'S ZUM
VIDEO-TUTORIAL:

www.julianamartejevs.com/tutorials

Los geht's

1

3

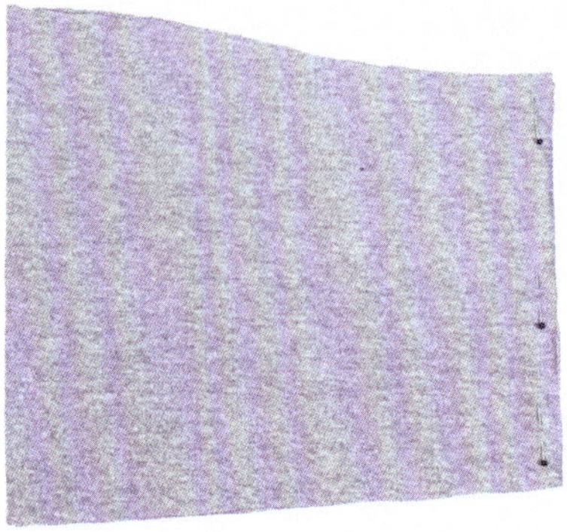

2

4

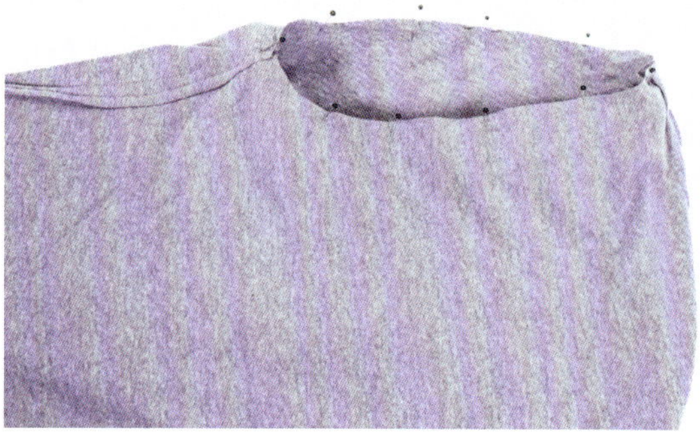

ALLGEMEINES

Beim Nähen mit der Haushaltsnähmaschine: Nähe mit einem Stretchstich mit einer Stichlänge von 2,5 und mit einer Jerseynadel. Wenn nicht anders angegeben, beträgt die Nahtzugabe immer 1 cm.

Beim Nähen mit der Overlock: Kürze die Nahtzugaben auf die Breite deiner Overlocknaht und schließe die Seiten-, Schulter- und Belegnähte mit einem 4-Faden-Overlockstich. Bügle die Nahtzugaben immer zusammen in Richtung des Vorderteils.

1 SEITEN- UND SCHULTERNÄHTE

Lege das Vorderteil rechts auf rechts auf das Rückteil und stecke die Schulternähte ...

2 ... sowie die Seitennähte aufeinander. Schließe die Nähte und bügle die Nahtzugaben auseinander.

3 ÄRMEL

Falte die Ärmel rechts auf rechts und stecke die Ärmelnähte aufeinander. Schließe die Ärmelnähte und bügle die Nahtzugaben auseinander.

4 Stecke die Ärmel rechts auf rechts in das Armloch und verteile die Mehrweite gleichmäßig.

WICHTIG! *Der einzelne Knips gehört zum Vorderteil, der doppelte Knips gehört zum Rückteil. Ärmel- und Seitennaht treffen aufeinander. Der obere Knips des Ärmels trifft auf die Schulternaht des Korpus.*

Nähe die Ärmel in die Armlöcher.

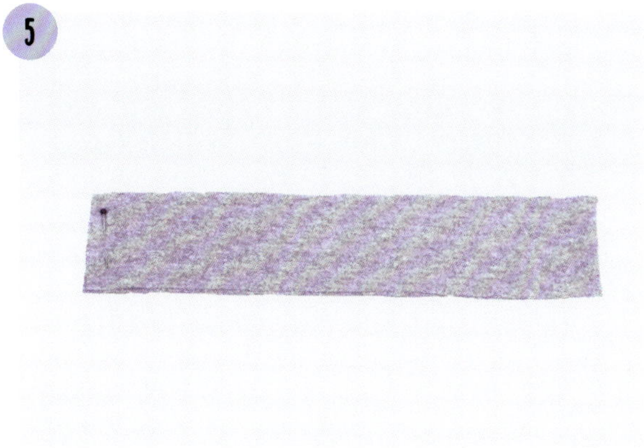

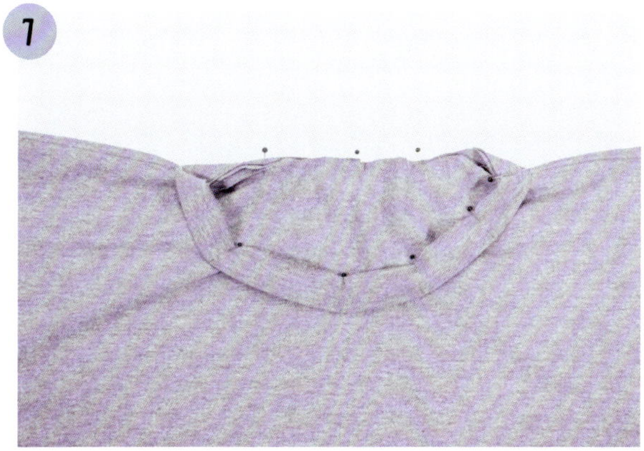

WICHTIG! *Der Ärmel enthält Mehrweite. Das heißt, der Ärmel ist weiter als das Armloch. Deshalb beim Nähen leicht das Armloch dehnen, damit die Strecken beim Nähen gleich lang sind.*

5 HALSLOCHBÜNDCHEN

Lege die kurzen Seiten des Halslochbündchens rechts auf rechts und stecke sie zusammen. Schließe die kurze Naht und bügle die Nahtzugaben auseinander.

6 Falte das Bündchen in der Hälfte links auf links, sodass die langen Seiten aufeinanderliegen. Bügle einen scharfen Bruch in die gefaltete Kante.

7 Stecke die offenen, aufeinanderliegenden Lagen rechts auf rechts in das Halsloch. Die Naht des Halslochbündchens wird an die hintere Mitte gesteckt. Der Knips wird an die vordere Mitte gesteckt. Schließe die gesteckte Strecke füßchenbreit.

WICHTIG! *Das Halslochbündchen ist kürzer als die Strecke des Halslochs. Dehne daher das Bündchen beim Nähen, sodass sie gleich lang sind.*

Bügle die Nahtzugaben und dämpfe die Mehrweite ein. Optional kannst du die Nahtzugaben des Bündchens in Richtung T-Shirt-Kleid legen und knappkantig von rechts absteppen.

8 SÄUMEN

Falte 2 cm der Saumkante nach links und bügle den Bruch scharf. Stecke den umgefalteten Saum fest und steppe ihn knappkantig neben der offenen Kante ab. Bügle den Saum flach.

Weiter geht's

9

10

9 Wiederhole dies an den Ärmelsäumen.

10 Bügle das The T-Shirt Dress abschließend komplett aus. Optional kannst du noch ein Stoffetikett mit Handstichen an den oberen beiden Ecken in die hintere Mitte auf die Nahtzugaben des Halslochbelegs nähen.

Fertig!

THE Amber DRESS

SCHWIERIGKEITSGRAD

Das Amber Dress ist ein ausgestelltes Kleid in Midilänge mit Ballonärmeln und Schleifen in der vorderen Mitte. Du kannst es sowohl lässig im Alltag (Hallo, seitliche Eingriffstaschen!) mit Sneakers und Cap als auch zum Ausgehen mit Sandaletten tragen. Ein Kleidungsstück also, mit dem du einfach immer perfekt angezogen bist und das dir bestimmt einige schöne Komplimente einbringt.

Materialien

GEEIGNETE STOFFE

Popeline, Leinen, leichte Jeansstoffe, Seersucker

VON MIR VERNÄHTER STOFF

Baumwollpopeline, 100 g/m²

STOFFMENGE

Bei einer Stoffbreite von 150 cm:

OBERSTOFF:

XS–XXXL: 320 cm

BÜGELEINLAGE, Z. B. H200:

XS–XXXL: 50 cm

ZUSÄTZLICHE MATERIALIEN

- Eckenformer (optional)
- Stoffetikett (optional)

#TheAmberDress

Zuschnitt

OBERSTOFF:

- 2 x Vorderteil gegengleich (SB 1)
- 1 x Rückteil im Bruch (SB 1)
- 2 x Rock im Bruch (in zwei Teilen, SB 1)
- 2 x oberer Ärmel gegengleich (SB 1)
- 2 x unterer Ärmel gegengleich (SB 1)
- 2 x Vorderteilbeleg gegengleich (SB 1)
- 1 x Rückteilbeleg im Bruch (SB 1)
- 4 x Taschenbeutel, je 2 x gegengleich (nur XXL und XXXL, SB 1)
- 12 x Schleifenband (SB 1)

EINLAGE:

- 2 x Vorderteilbeleg gegengleich (SB 1)
- 1 x Rückteilbeleg im Bruch (SB 1)

ENTHALTENE NAHTZUGABEN:

Alle Nähte: 1 cm

Säume: 2 cm

Den Schnittlageplan zu diesem Projekt findest du auf Seite 126.

HIER GEHT'S ZUM VIDEO-TUTORIAL:

www.julianamartejevs.com/tutorials

Los geht's

1 SEITEN- UND SCHULTERNÄHTE

Lege Vorder- und Rückteil rechts auf rechts und stecke die Schulter- sowie Seitennähte aufeinander. Schließe alle vier Nähte und bügle die Nahtzugaben auseinander.

2 BELEG

Bügle zunächst die Einlage auf die Belegteile. Lege dann den vorderen und hinteren Beleg rechts auf rechts und stecke die Schulternähte zusammen. Schließe die Schulternähte und bügle die Nahtzugaben auseinander.

3 Lege den zusammengesetzten Beleg rechts auf rechts auf die vordere Kante und das Halsloch des Oberteils und stecke ihn von Saum bis Saum fest. Nähe den Beleg fest und bügle die Nahtzugaben flach.

4 Schneide die Nahtzugaben an den Ecken diagonal zurück und in den Rundungen bis knapp vor die Naht ein. Wende den Beleg anschließend und bügle die Belegnaht ringsherum flach. Steppe dann den Beleg von rechts mit einem Abstand von 3 cm zur vorderen Kante und dem Halsloch ab.

5

7

6

8

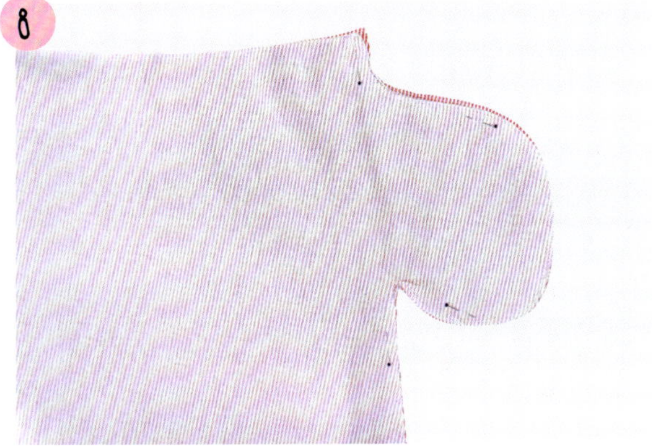

5 ÄRMEL

Stecke die oberen und unteren Ärmel jeweils rechts auf rechts entlang der Rundung aufeinander. Schließe die Nähte. Bügle die Nahtzugaben in Richtung der unteren Ärmel und steppe sie füßchenbreit von rechts ab.

6 Falte die zusammengesetzten Ärmel jeweils rechts auf rechts und stecke die Ärmelnähte. Schließe die Ärmelnähte und bügle die Nahtzugaben auseinander.

7 Stecke die Ärmel jeweils rechts auf rechts in die Armlöcher, verteile dabei die Mehrweite im oberen vorderen und mehrheitlich hinteren Ärmel gleichmäßig. Nähe die Ärmel ein und bügle die Nahtzugaben flach.

8 SEITENNÄHTE MIT TASCHEN

Lege das Rockvorder- und -rückteil rechts auf rechts und stecke die Seitennähte sowie Taschenbeutel aufeinander. Schließe beide Seitennähte inklusive der Taschenbeutel und bügle die Nahtzugaben und Taschenbeutel in Richtung des Vorderrocks. Bügle den Tascheneingriff scharf.

Weiter geht's

9

11

10

12

9 ROCK ANBRINGEN

Nähe auf dem Rock zwei parallele Nähte mit einer Stichlänge von 4,0 nähen im Abstand von 0,5 und 0,7 cm zur oberen Kante, verriegle dabei weder am Anfang noch am Ende. Am Anfang und Ende der Naht 2 cm Platz bis zur hinteren Mitte lassen. Halte die beiden Oberfäden fest und raffe den Stoff zusammen, bis die Breite des Rocks genau der Länge der unteren Kante des Oberteils entspricht.

10 Stecke den gekräuselten Rock rechts auf rechts auf die untere Kante des Oberteils, die vorderen Kanten treffen dabei in der vorderen Mitte genau aufeinander. Nähe den Rock an und bügle die Nahtzugaben in Richtung des Oberteils.

11 SCHLEIFENBÄNDER

Lege jeweils zwei Schleifenbänder rechts auf rechts aufeinander (in Summe entstehen 6 Schleifenbänder) und stecke sie ringsherum zusammen. Markiere eine Wendeöffnung von 5 cm. Nähe ringsherum zusammen und verriegle die Naht vor und nach der Wendeöffnung. Schneide anschließend die Ecken der Nahtzugaben diagonal kurz zurück. Achte darauf, die Naht nicht zu verletzen. Wende die Schleifenbänder.

12 Bügle die Schleifenbänder flach. Stecke die Wendeöffnung zusammen und steppe die lange Seite mit der Wendeöffnung knappkantig ab, schließe dabei die Wendeöffnung.

13

14

15

16

13 Fixiere die fertigen Schleifenbänder mit Stecknadeln an den markierten Positionen auf den Vorderteilen.

14 Nähe die Schleifenbänder mit einem Quadrat am äußeren Rand des Bandes ringsherum knappkantig auf. Bügle sie anschließend.

15 SÄUMEN

Schlage den Saum 1 cm nach links ein, nochmal 1 cm um und bügle den Stoffbruch. Bereite die Ärmelsäume ebenso vor. Steppe die umgeschlagenen Säume knappkantig ab und bügle die Säume flach.

16 Bügle das The Amber Dress abschließend komplett aus. Optional kannst du noch ein Stoffetikett mit Handstichen an den oberen beiden Ecken in der hinteren Mitte auf dem Beleg festnähen.

Fertig!

THE Kylie DUNGAREE DRESS

SCHWIERIGKEITSGRAD

Vielleicht eines meiner Lieblingsteile in diesem Buch. Das Kylie Dungaree Dress hat verstellbare Träger, eine aufgesetzte Tasche im Oberteil und einen gekräuselten Rock und verpasst damit der typischen Latzhose einen kleinen, freundschaftlichen Tritt in den Hintern.

Materialien

GEEIGNETE STOFFE

Twill, Denim, Cord

VON MIR VERNÄHTER STOFF

Baumwolldenim mit 4 % Elasthan, 330 g/m^2

STOFFMENGE

Bei einer Stoffbreite von 140 cm:

OBERSTOFF:

XS–M: 250 cm | L–XL: 260 cm | XXL: 280 cm | XXXL: 290 cm

BÜGELEINLAGE, Z. B. H200:

XS–XXXL: 60 cm

ZUSÄTZLICHE MATERIALIEN

- 2 Latzhosenschnallen, Ø 40 mm
- 2 Verstellschnallen, Ø 40 mm
- 8 Metallknöpfe
- Eckenformer (optional)
- Stoffetikett (optional)

WERKZEUG

- Knopflochnähfuß
- Hammer (optional)

Zuschnitt

OBERSTOFF:

- 2 x Rock im Bruch (in zwei Teilen, SB 3)
- 1 x Vorderteil im Bruch (SB 3)
- 1 x Rückteil im Bruch (SB 3)
- 1 x Vorderteilbeleg im Bruch (SB 3)
- 1 x Rückteilbeleg im Bruch (SB 3)
- 1 x Tasche (SB 2)
- 2 x Träger (SB 3)
- 2 x Vorderteil Verschlussbeleg (SB 2)
- 2 x Rückteil Verschlussbeleg (SB 3)

EINLAGE:

- 1 x Vorderteilbeleg im Bruch
- 1 x Rückteilbeleg im Bruch

ENTHALTENE NAHTZUGABEN:

Alle Nähte: 1 cm

Säume: 2 cm

Den Schnittlageplan zu diesem Projekt findest du auf Seite 126.

#TheKylieDungareeDress

HIER GEHT'S ZUM VIDEO-TUTORIAL:

www.julianamartejevs.com/tutorials

Los geht's

1

3

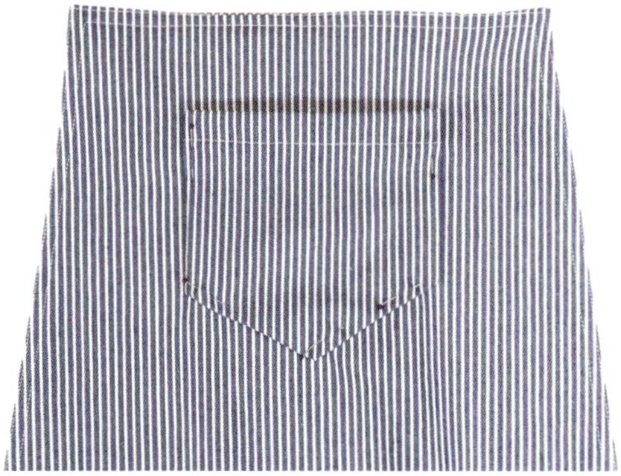

2

4

1 VORDERTEIL MIT TASCHE

Bügle zunächst die Einlage auf die Belegteile. Lege dann den Beleg und das Vorderteil rechts auf rechts und stecke die drei Kanten aufeinander. Schließe die drei Seiten.

2 Schneide die Ecken der Nahtzugaben diagonal kurz zurück. Verletze dabei nicht die Naht. Wende das Vorderteil und bügle die verstürzten Seiten glatt. Steppe anschließend die drei Seiten erst knappkantig, dann füßchenbreit von rechts ab.

3 Schlage die obere Kante der Tasche 2 cm ein und erneut 2 cm nach links um und bügle die Bruchkante. Steppe sie dann knappkantig ab. Schlage die vier weiteren Seiten 1 cm nach links um und bügle die entstandene Bruchkante erneut. Stecke die Tasche auf die richtige Position auf dem Vorderteil.

4 Nähe die Tasche ringsherum (außer die obere Kante) erst knappkantig, dann füßchenbreit auf.

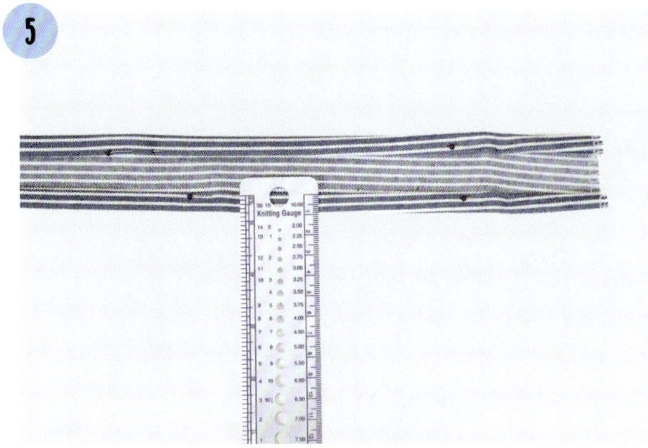

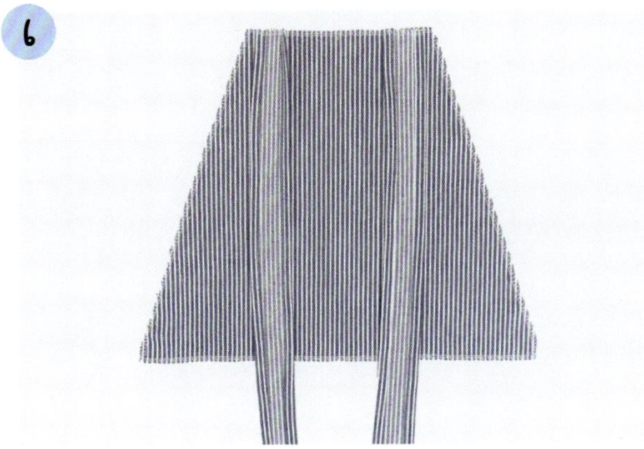

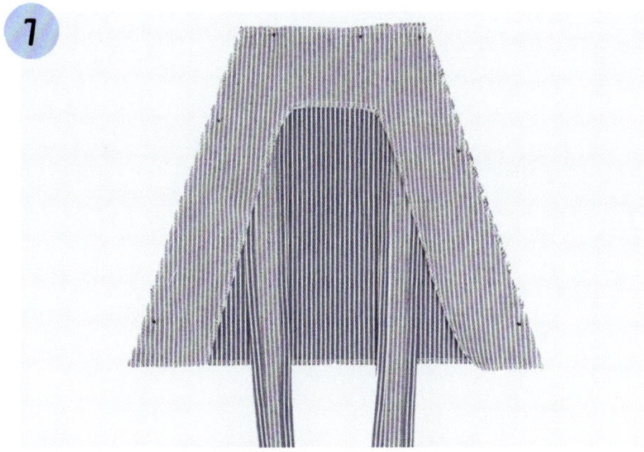

5 RÜCKTEIL MIT TRÄGERN

Schlage die beiden langen Seiten des Trägers 1 cm ein und erneut 1 cm um und stecke sie fest. Steppe die umgeschlagenen Kanten 1 cm breit von rechts ab. Bügle die Träger.

6 Lege die Träger und das Rückteil rechts auf rechts aufeinander.

7 Lege nun den Beleg rechts auf rechts auf die Träger und das Rückteil und stecke die drei Kanten aufeinander. Schließe die drei Seiten.

8 Schneide die Ecken der Nahtzugaben wieder diagonal kurz zurück. Wende das Rückteil und bügle die verstürzten Seiten glatt. Steppe die drei Seiten erst knappkantig, dann füßchenbreit von rechts ab.

Weiter geht's

9

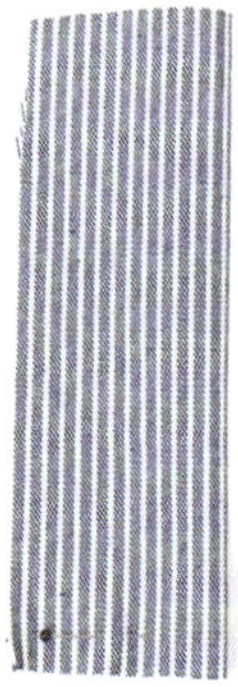

11

10

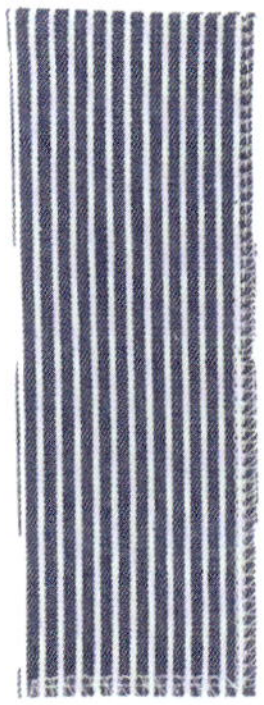

12

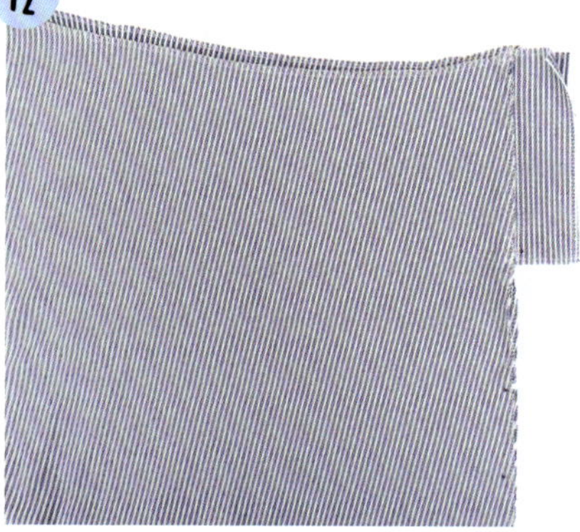

9 SEITENNÄHTE MIT VERSCHLUSS Falte die breiteren Verschlussbelege rechts auf rechts in der Hälfte und stecke die kurzen Seiten aufeinander. Schließe die kurzen Seiten.

10 Wende anschließend den Beleg und forme die Ecken aus. Versäubere die kurze und lange offene Seite durch beide Lagen gleichzeitig und bügle den Beleg glatt.

11 Stecke die vorderen Verschlussbelege rechts auf rechts auf die Seitennähte des vorderen Rockteils. Stecke die verstürzten Belege rechts auf rechts auf die Seitennähte des hinteren Rockteils. Dabei zeigt die verstürzte Seite nach oben und die versäuberte Seite nach unten. Nähe die Belege an die Seitennähte und bügle sie dann nach außen. Steppe die verstürzten Belege noch knappkantig von rechts auf die Nahtzugaben des hinteren Rockteils.

12 Lege den vorderen und hinteren Rock mit den Seitennähten aufeinander, die Belege dabei nach außen legen. Stecke die Seitennähte vom Saum an bis auf 1 cm über die untere Kante der Belege zusammen. Schließe die Seitennähte und bügle sie in Richtung des Vorderrocks.

13

14

13 Markiere die Knopflochpositionen auf dem Vorderrock. Nähe auf jeder Seite jeweils drei waagerechte Augenknopflöcher durch die Lagen des Rocks und des Belegs passend zur gewählten Knopfgröße.

14 ROCK ANBRINGEN

Nähe im Vorder- und Hinterrock zwei parallele Nähte mit einer Stichlänge von 4.0 im Abstand von 0,5 und 0,7 cm zur oberen Kante. Weder am Anfang noch am Ende verriegeln. Am Anfang und Ende der Naht im Vorderrock 4 cm Platz bis zu den Seitennähten lassen. Am Anfang und Ende der Naht im Hinterrock 1 cm Platz bis zu den Seitennähten lassen. Halte jeweils die beiden Oberfäden fest und raffe den Stoff zusammen, bis die Strecke des Rocks genau der Strecke des Vorder- bzw. Rückteils entspricht.

15

16

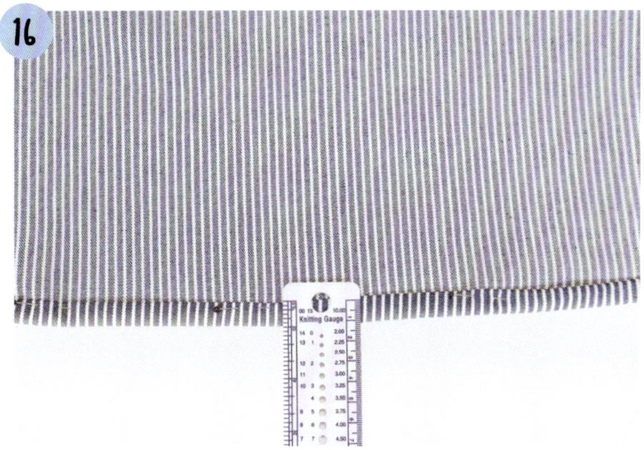

15 Stecke das vordere Oberteil rechts auf rechts auf den Vorderrock und das hintere Oberteil rechts auf rechts auf den Hinterrock. Nähe die Teile zusammen und bügle die Nahtzugaben in Richtung des Oberteils.

16 SÄUMEN

Schlage den Saum 1 cm nach links ein, nochmal 1 cm um und bügle den Stoffbruch. Steppe den umgeschlagenen Saum knappkantig ab und bügle den Saum flach.

17

18

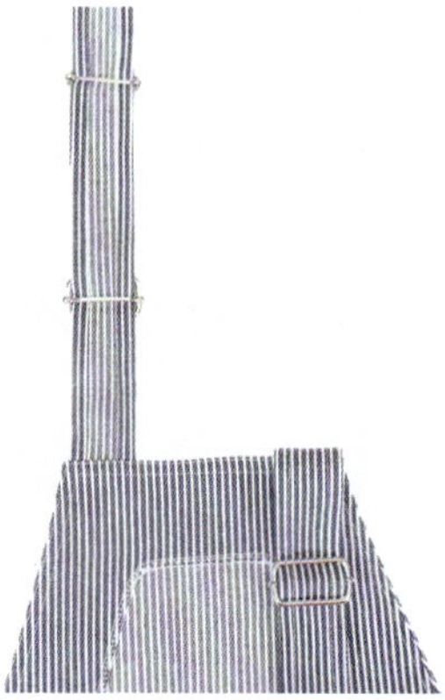

19

20

17 VERSCHLÜSSE

Bringe die Metallknöpfe an den dafür vorgesehenen Positionen nach Herstelleranleitung an.

18 Schiebe jeweils erst die Verstellschnalle, dann die Latzhosenschnalle auf die Träger. Dabei den Träger immer so in die Schnalle führen, dass die Querstange anschließend auf der linken Seite des Trägers liegt.

19 Das Ende des Trägers anschließend erneut von unten nach oben durch die Verstellschnalle führen.

20 Das Ende des Trägers wird 5 cm oberhalb der Verstellschnalle auf dem innen liegenden Teil des Trägers festgesteckt.

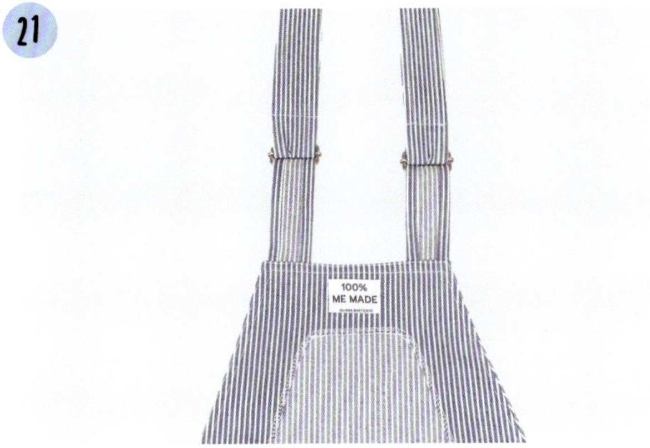

21 Nähe das Ende des Trägers quer auf dem Träger fest.

22 Bügle das The Kylie Dungaree Dress abschließend sorgfältig aus. Optional kannst du noch ein Stoffetikett mit Handstichen an den oberen beiden Ecken auf dem Beleg in der hinteren Mitte annähen.

Fertig!

THE Debbie SKIRT

SCHWIERIGKEITSGRAD

Viel einfacher kann ein Rock mit Bundverarbeitung und Taschen wahrscheinlich nicht sein, aber mit der schönen Kräuselung in der Taille sieht dieser Midirock einfach wahnsinnig cool aus. Besonders hochwertig macht den Rock der nahtverdeckte Reißverschluss in der hinteren Mitte. Um den Look nicht zu chic zu machen, kombiniere am besten ein lässiges T-Shirt oder einen Oversized-Pulli mit dem Rock.

Materialien

GEEIGNETE STOFFE

Twill, Leinen, Denim, Cord, Anzugstoffe

VON MIR VERNÄHTER STOFF

Baumwolltwill, 290 g/m²

STOFFMENGE

Bei einer Stoffbreite von 145 cm:

OBERSTOFF:

XS–XL: 190 cm | XXL: 225 cm | XXXL: 230 cm

BÜGELEINLAGE, Z. B. H200:

XS–XXXL: 10 cm

ZUSÄTZLICHE MATERIALIEN

- 1 nahtverdeckter Reißverschluss, Länge: 20 cm
- Stoffetikett (optional)

WERKZEUG

- Nähfuß für nahtverdeckte Reißverschlüsse
- Nähfuß für normale Reißverschlüsse

Zuschnitt

OBERSTOFF:

- 1 x Vorderrock im Bruch (in zwei Teilen, SB 2)
- 2 x Hinterrock gegengleich (in zwei Teilen, SB 2)
- 1 x Taillenbund im Bruch (SB 2)
- 4 x Taschenbeutel, je 2 x gegengleich (nur bei den Größen XXL und XXXL, SB 2)

EINLAGE:

- 1 x Taillenbund im Bruch

ENTHALTENE NAHTZUGABEN:

Alle Nähte: 1 cm

Säume: 2 cm

Den Schnittlageplan zu diesem Projekt findest du auf Seite 126.

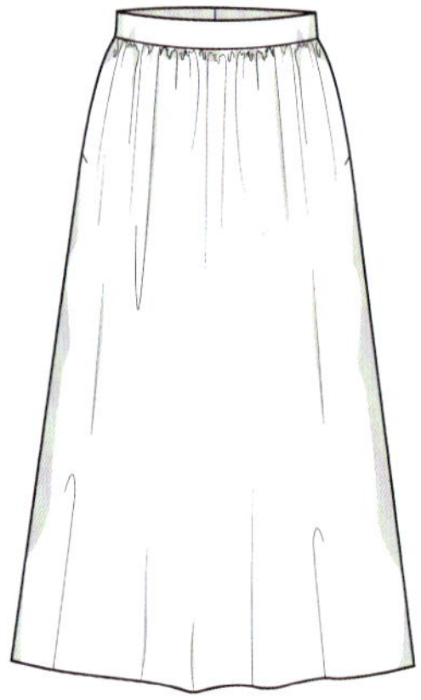

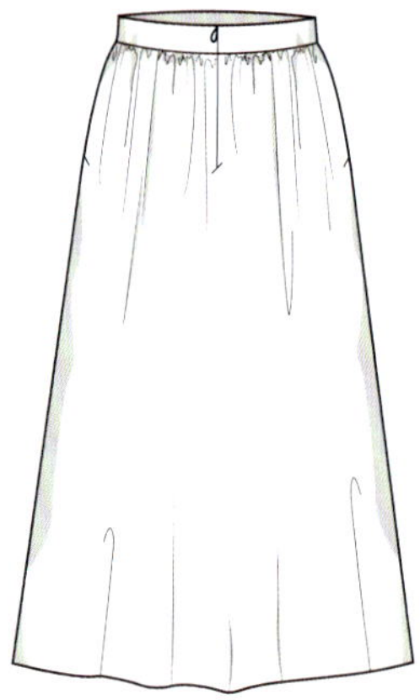

#TheDebbieSkirt

HIER GEHT'S ZUM VIDEO-TUTORIAL:

www.julianamartejevs.com/tutorials

Los geht's

1

2

1 SEITENNÄHTE MIT TASCHEN

Lege Vorder- und Hinterrock rechts auf rechts und stecke die Taschenbeutel sowie Seitennähte aufeinander. Schließe die gesamte gesteckte Strecke.

2 Bügle die Nahtzugaben in Richtung des Vorderrocks. Bügle die Kanten der Eingriffstasche ganz flach.

3

4

3 KRÄUSELN

Nähe im Vorder- und Hinterrock zwei parallele Nähte mit einer Stichlänge von 4,0 im Abstand von 0,5 und 0,7 cm zur oberen Kante, verriegle dabei weder am Anfang noch am Ende. Am Anfang und Ende der Naht je 2 cm Platz bis zur hinteren Mitte lassen.

4 Halte die beiden Oberfäden fest und raffe den Stoff zusammen, bis die Breite des Rocks genau der Länge des Bündchenschnittteils entspricht.

5

7

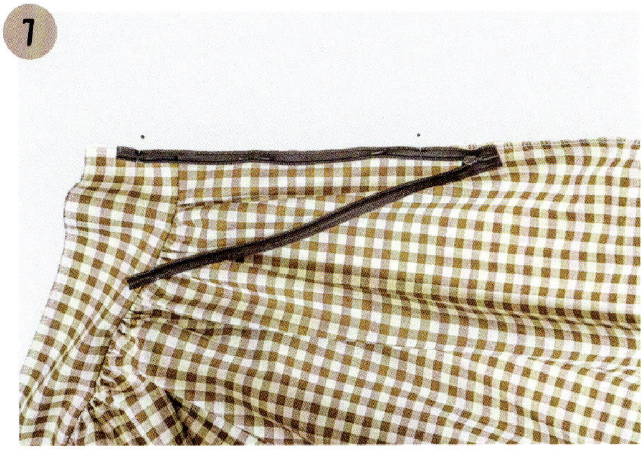

6

8

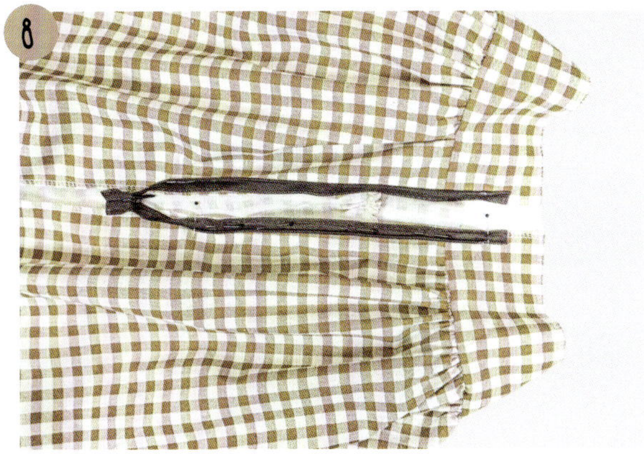

5 TAILLENBUND

Bügle die Einlage auf das Bundschnittteil auf. Stecke den Taillenbund rechts auf rechts an die obere Kante des gekräuselten Rocks.

6 Nähe den Bund an und bügle die Nahtzugaben in Richtung des Bunds.

7 REIßVERSCHLUSS

Öffne den Reißverschluss und stecke die erste Seite rechts auf rechts auf die hintere Mitte des Rocks. Der Reißverschluss startet oben auf Höhe der Hälfte des Bündchens und endet am Knips. Markiere Start- und Endpunkte mit Quernadeln oder einem Kreidestift. Nähe mit einem Nähfuß für nahtverdeckte Reißverschlüsse die erste Seite des Reißverschlusses zwischen den Markierungspunkten an.

8 Stecke die zweite Seite des Reißverschlusses rechts auf rechts auf die andere Seite des Rocks auf die gleiche Höhe. Nähe mit einem Nähfuß für nahtverdeckte Reißverschlüsse die zweite Seite des Reißverschlusses zwischen den Markierungspunkten an.

Weiter geht's

9

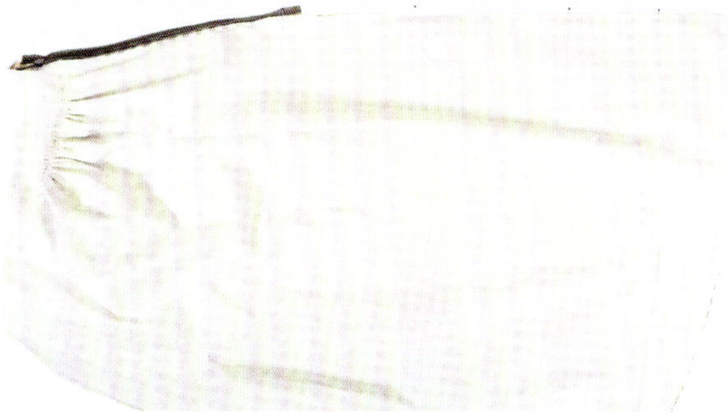

11

10

12

9 Lege die hintere Mitte der beiden Rockseiten rechts auf rechts und stecke sie vom Ende der Reißverschlussnaht bis zum Saum zusammen. Schließe den Rock und bügle die Nahtzugaben auseinander.

10 Falte den Bund rechts auf rechts in der Mitte. Schlage dabei die noch freie Nahtzugabe 1cm nach oben ein und stecke die kurzen Seiten des Bunds zusammen. Wiederhole dies auf der anderen Seite. Achte darauf, dass das jeweilige Ende des Reißverschlusses aus der Nahtzugabe guckt. Schließe nun beide kurzen Seiten der hinteren Mitten des Bunds mit einer Naht.

11 Wende den Bund, sodass die rechte Stoffseite außen liegt und bügle die obere Kante flach.

12 Klappe die innere untere Kante des Bunds entlang der gesamten Bundstrecke um 1cm um und stecke sie so fest, dass die zuvor gefertigte Naht des Bunds verdeckt wird. Nähe von der rechten Seite im Schatten der Naht des Bunds, sodass die eingeschlagene Kante des Bunds auf der linken Seite knappkantig miteingefasst wird. Bügle den Bund.

13

14

13 SÄUMEN

Schlage den Saum 1 cm nach links ein, nochmal 1 cm um und bügle den Stoffbruch. Steppe den umgeschlagenen Saum knappkantig ab und bügle den Saum flach.

14 Bügle den The Debbie Skirt abschließend komplett aus. Optional kannst du noch ein Stoffetikett mit Handstichen an den oberen beiden Ecken neben den Reißverschluss auf die Innenseite des Bunds nähen.

Fertig!

THE Leslie PANTS

SCHWIERIGKEITSGRAD

Ein klassischer Schnitt, der nie aus der Mode kommt. Die Leslie Pants kannst du aus einer Vielzahl von Stoffen nähen: Egal, ob aus einem feinen Nadelstreifenanzugstoff oder dem coolen Breitcord. Die lässigen Falten im Vorderteil und die schöne Kräuselung im Rückteil in Kombination mit dem sportlichen Gummibund machen die Leslie Pants zu einem absoluten Wohlfühlteil. Und seitliche Eingriffstaschen gibt es natürlich auch.

Materialien

GEEIGNETE STOFFE

Cord, Anzugstoffe, Wollstoffe

VON MIR VERNÄHTER STOFF

Baumwollcord, 280 g/m², und Baumwollpopeline als Futterstoff, 110 g/m²

STOFFMENGE

Bei einer Stoffbreite von 145 cm:

OBERSTOFF:

XS: 145 cm | S: 150 cm | M: 155 cm | L: 200 cm | XL–XXL: 225 cm | XXXL: 230 cm

FUTTERSTOFF:

XS–L: 30 cm | XL–XXXL: 35 cm

ZUSÄTZLICHE MATERIALIEN

- Gummiband, 3 cm breit, Länge: eigener Taillenumfang – 2 cm
- Stoffetikett (optional)

Zuschnitt

- 2x Vorderhose gegengleich (in zwei Teilen, SB 3)
- 2x Hinterhose gegengleich (in zwei Teilen, SB 3)
- 1x Bund (SB 3)
- 4x Taschenspiegel, je 2x gegengleich (SB 3)
- 4x Futtertaschenbeutel, je 2x gegengleich (SB 3)

ENTHALTENE NAHTZUGABEN:

Alle Nähte: 1 cm

Säume: 6 cm

Den Schnittlageplan zu diesem Projekt findest du auf Seite 127.

#TheLesliePants

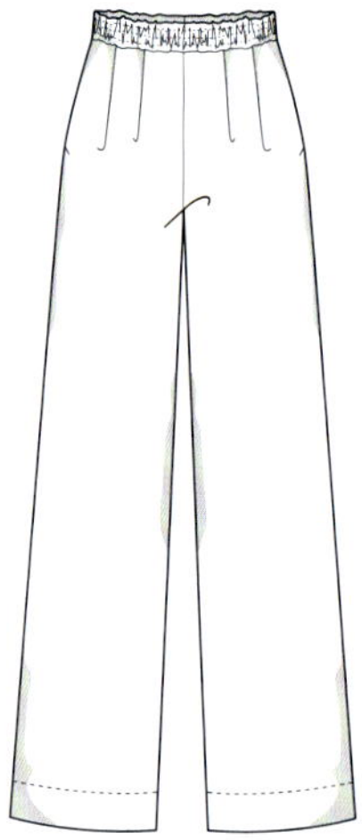

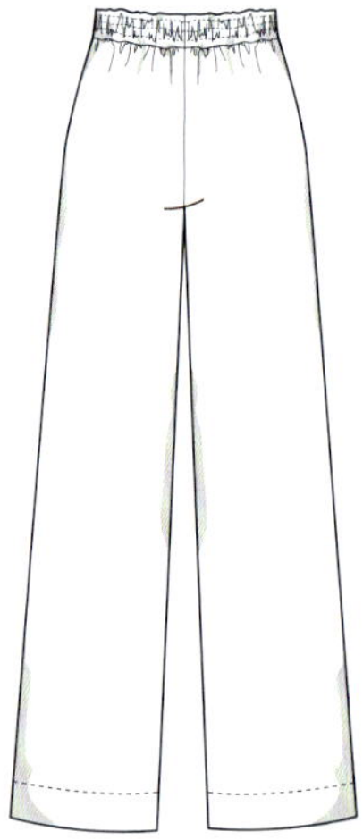

HIER GEHT'S ZUM VIDEO-TUTORIAL:

www.julianamartejevs.com/tutorials

Los geht's

1

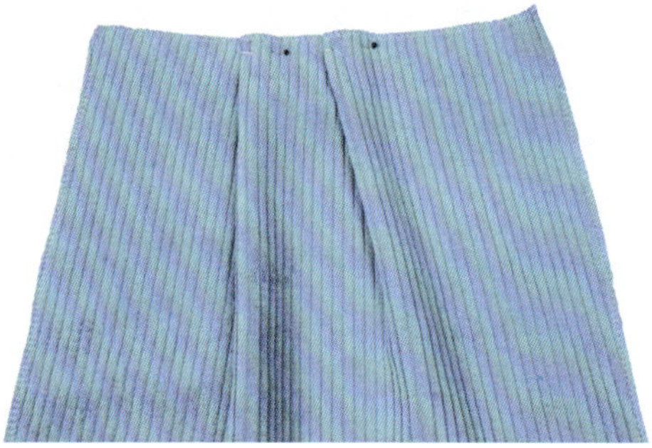

3

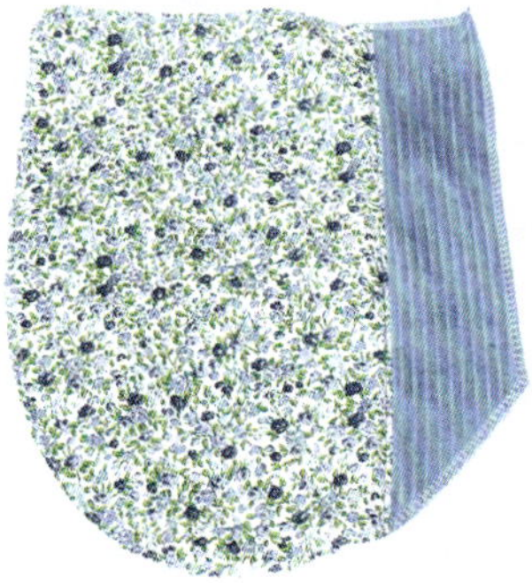

2

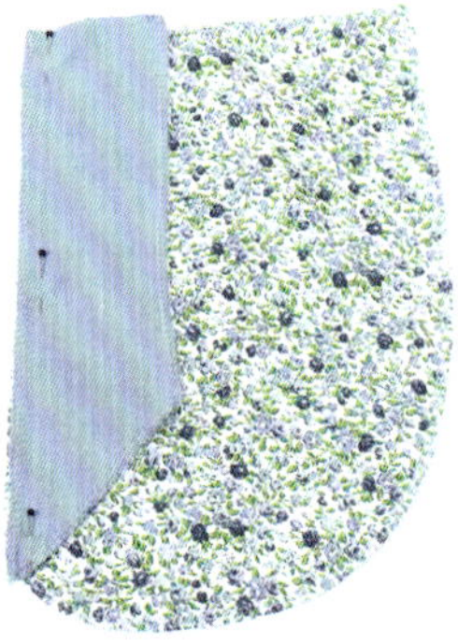

4

1 FALTEN

Lege die beiden Falten der Vorderhose jeweils in Richtung Seitennaht und stecke sie fest. Dazu die Knipse von innen nach außen aufeinanderlegen. Nähe sie in einem Abstand von 0,5 cm zur oberen Kante fest, dabei schließen alle oberen Kanten miteinander ab. Bügle die oberen 10 cm der Falten flach.

2 SEITENNÄHTE MIT TASCHEN

Stecke jeweils die langen Seiten der Taschenbeutel rechts auf rechts an die langen Seiten der Taschenspiegel. Wichtig! Es sollten zwei gleiche und zwei spiegelverkehrte zusammengesetzte Taschenbeutel entstehen. Schließe die gesteckten Nähte und bügle die Nahtzugaben in Richtung der Futterbeutel.

3 Steppe die Nahtzugaben jeweils knappkantig auf die Futterbeutel.

4 Lege die zusammengesetzten Taschenbeutel rechts auf rechts mit der geraden Kante des Taschenspiegels jeweils auf die Seiten der Vorder- und Hinterhosen und stecke sie fest. Schließe die gesteckten Nähte und bügle die Nahtzugaben in Richtung der Taschenbeutel.

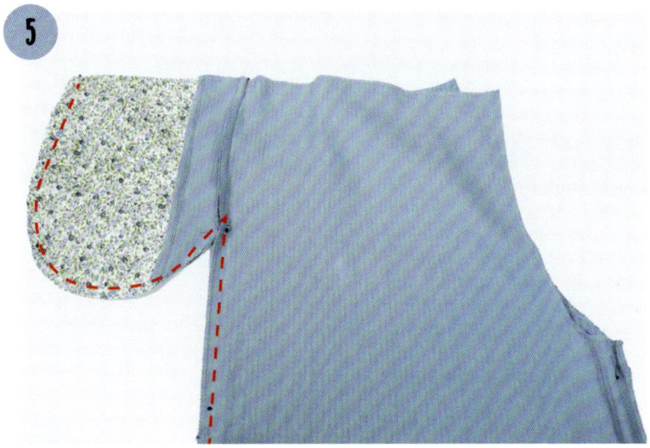

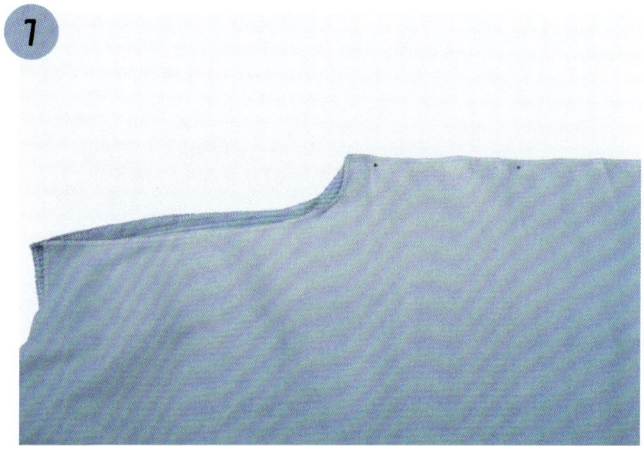

5 Lege jeweils ein Vorder- und Hinterhosenteil rechts auf rechts aufeinander und stecke die Taschenbeutel sowie Seitennähte aufeinander. Schließe die Nähte. Die Ecke wird genau 1 cm oberhalb des Anfangs der zuvor gefertigten Naht des Taschenspiegels genäht. Bügle die Nahtzugaben in Richtung der Vorderhose und bügle die Kanten der Eingriffstasche scharf.

6 Stecke die Taschenbeutel an der oberen Kante in der Vorderhose fest. Steppe jeweils an der oberen Kante in einem Abstand von 0,5 cm entlang und fixiere so die Taschenbeutel auf der Vorderhose. Bügle die Naht glatt.

7 INNENBEINNÄHTE

Lege die Vorder- und Hinterhose jeweils rechts auf rechts und stecke die Innenbeinnähte vom Schritt bis zum Saum aufeinander. Nähe die gesteckten Strecken. Es entstehen zwei einzelne Beine. Bügle die Nahtzugaben auseinander.

8 SCHRITTNAHT

Schiebe ein Bein rechts auf rechts in das andere und stecke die Schrittnähte der Vorder- und Hinterhosen jeweils aufeinander, die Innenbeinnähte treffen dabei genau aufeinander. Schließe die Schrittnaht doppelt (!) mit zwei übereinanderliegenden Nähten (für mehr Stabilität) und bügle die Nahtzugaben glatt.

Weiter geht's

9

11

10

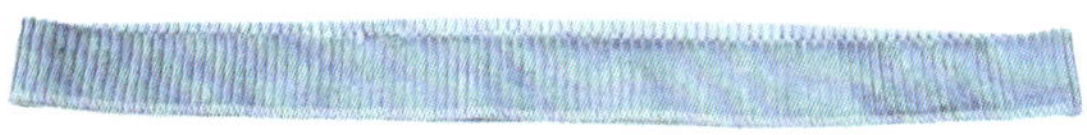

12

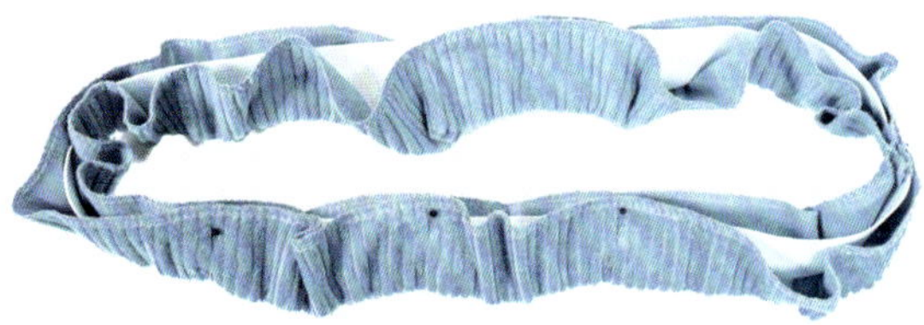

9 GUMMIBUND

Falte den Bund in der Hälfte und stecke die kurzen Seiten rechts auf rechts aufeinander. Schließe die kurze Seite mit einer Naht und bügle die Nahtzugaben auseinander.

10 Wende den Bund auf rechts und falte ihn in der Höhe zur Hälfte um, sodass beide offenen Kanten aufeinanderliegen. Bügle den Stoffbruch scharf.

11 Lege die Enden des Gummibandes 2 cm überlappend aufeinander und stecke sie fest. Nähe mit einem Zickzackstich mehrfach vor und zurück, um beide Enden fest miteinander zu verbinden.

12 Lege das Gummiband in den umgefalteten Bund, sodass es an die obere, umgeschlagene Kante stößt. Verteile die Mehrweite des Bunds gleichmäßig auf die Strecke des Gummibands und stecke alles mit Quernadeln fest.

13 Nähe jeweils in einem Abstand von 1 cm drei Nähte entlang des Bunds und befestige damit das Gummiband im Bund.

ACHTUNG! *Das Gummiband ist deutlich kürzer als der Bund. Dehne daher beim Nähen das Gummiband, sodass Gummiband und Bund eine Länge haben. Dadurch entsteht die Kräuselung.*

13

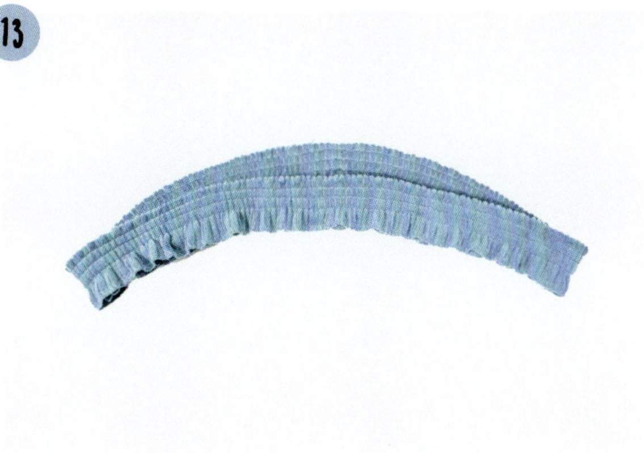

14

14 Stülpe den Bund rechts auf rechts um die offene Kante der Hose und stecke die offenen Kanten ringsherum aufeinander fest, die Naht des Bunds trifft dabei auf die hintere Mitte der Hose. Nähe den Gummibund fest.

ACHTUNG! *Der Gummibund ist im ungedehnten Zustand kürzer als der Umfang der Hose. Dehne daher beim Nähen den Bund, sodass er und die obere Kante der Hose die gleiche Länge haben. Dadurch entsteht eine Kräuselung an der Hose. Bügle die Nahtzugaben glatt. Optional kannst du die Nahtzugaben des Bunds in Richtung Hose legen und knappkantig von rechts absteppen.*

15

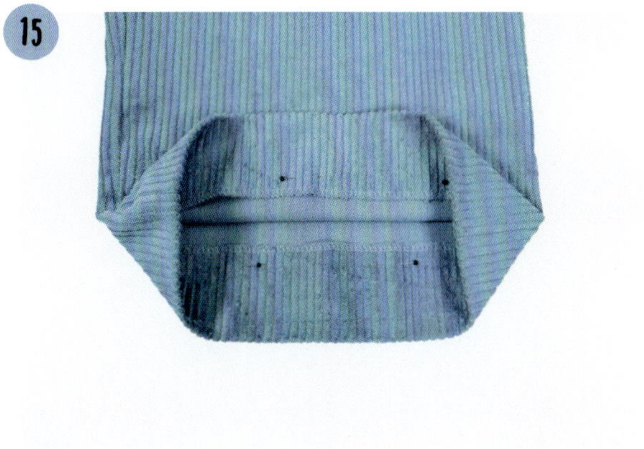

16

15 SÄUMEN

Schlage den Saum 6 cm nach links um und bügle den Stoffbruch. Steppe den umgeschlagenen Saum 0,5 cm von der offenen Kante entfernt von links ringsherum ab und bügle ihn anschließend.

16 Bügle die The Leslie Pants abschließend komplett aus. Optional kannst du noch ein Stoffetikett mit Handstichen an den oberen beiden Ecken in die hintere Mitte auf die Nahtzugabe des Bündchens nähen.

Fertig!

THE Wally JACKET

SCHWIERIGKEITSGRAD

Diese trendy kastig geschnittene Jacke setzt du aus zwei verschiedenen Stoffen und einem kontrastreichen Schrägband zusammen. Das Quilten kannst du ganz einfach wie beschrieben selbst übernehmen, oder du greifst auf einen bereits gequilteten Stoff zurück.

Materialien

GEEIGNETE STOFFE

Zum Selbstquilten: Popeline; ansonsten vorgequiltete, wattierte Stoffe

VON MIR VERNÄHTER STOFF

Baumwollpopeline, 120 g/m^2

STOFFMENGE

Bei einer Stoffbreite von 140 cm:

OBERSTOFF 1:

XS–M: 145 cm | L–XXXL: 200 cm

OBERSTOFF 2:

XS–M: 145 cm | L–XXXL: 200 cm

VOLUMENVLIES H630 (STOFFBREITE 90 CM):

XS–XXXL: 280 cm

ZUSÄTZLICHE MATERIALIEN

- 10 m Schrägband
- 5 Druckknöpfe
- Stoffetikett (optional)

WERKZEUG

- Bunte abwaschbare/ausbügelbare Kreide oder Stifte
- Handnähnadel

Zuschnitt

JEWEILS AUS OBERSTOFF 1 UND OBERSTOFF 2:

- 2 x Vorderteil gegengleich (SB 6)
- 1 x Rückteil im Bruch (SB 6)
- 2 x hinterer Ärmel gegengleich (SB 6)
- 2 x vorderer Ärmel gegengleich (SB 6)
- 2 x Tasche (SB 6)
- 2 x Tasche für Innenseite (optional, SB 6)

VOLUMENVLIES:

- 2 x Vorderteil gegengleich (SB 6)
- 1 x Rückteil im Bruch (SB 6)
- 2 x hinterer Ärmel gegengleich (SB 6)
- 2 x vorderer Ärmel gegengleich (SB 6)
- 2 x Tasche (SB 6)
- 2 x Tasche für Innenseite (optional, SB 6)

#TheWallyJacket

ENTHALTENE NAHTZUGABEN:

Alle Nähte: 1 cm

Keine Nahtzugaben aufgrund Paspelierung: Vordere Kante, Taschenkanten, Säume

Den Schnittlageplan zu diesem Projekt findest du auf Seite 127.

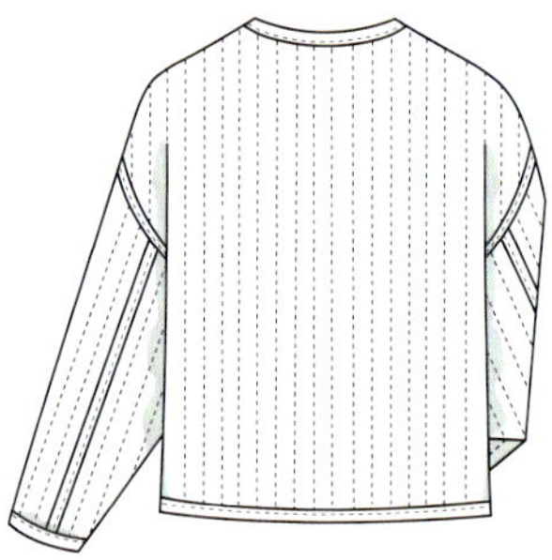

HIER GEHT'S ZUM VIDEO-TUTORIAL:

www.julianamartejevs.com/tutorials

TIPP: *Die Jacke lässt sich aufgrund der Paspelnähte als Wendejacke tragen. Du kannst sogar auf die Druckknöpfe verzichten und stattdessen Bindebänder annähen. Wenn dich die Absteppungen der Taschen auf der Wendeseite stören, fertige noch zwei weitere Taschen an und nähe sie von Hand auf die gleiche Position im Inneren. So versteckst du die Nähte!*

Los geht's

1

3

2

4

1 QUILTEN

Dies gilt für alle Schnittteile: Bügle das Volumenvlies auf die linke Seite von Oberstoff 1. Lege dann den Oberstoff 2 mit der linken Stoffseite auf die weiche Seite des Volumenvlieses und stecke die drei Lagen aufeinander. Übertrage die Quiltlinien mit bunter, abwaschbarer oder ausbügelbarer Kreide auf die rechte Seite von Oberstoff 2. Steppe alle Quiltlinien mit einem Dreifach-Geradstich oder einem Stich nach Wahl ab.

2 TASCHEN NÄHEN

Schneide Schrägband auf die Länge des Umfangs der Tasche zu. Stecke es dann rechts auf rechts folgendermaßen an die Kante der gequilteten Tasche, schlage dabei den Anfang des Streifens 1 cm nach vorn um: Stecke entlang der Rundung fest und falte den Streifen an der Ecken erst diagonal nach links, wie auf dem Bild zu sehen.

3 Schlage das Schrägband dann genau an der Kante um, lege es entlang der oberen Kante und stecke es fest.

4 Lege die gefaltete Ecke dann nach oben und stecke diese ebenfalls fest.

5 Bereite die andere Ecke genauso vor und stecke alles fest. Steppe nun um die Tasche in der äußeren Falzkante des Schrägbands. Lege das Ende des Schrägbands auf den Anfang und nähe es überlappend auf.

6 Falte das Schrägband um die Kante zur Rückseite und stecke es dort, an der umgefalzten Kante eingeschlagen, fest. Nähe nun knappkantig von der Vorderseite auf dem Schrägstreifen und steppe dabei die auf der anderen Seite umgeschlagene Kante mit fest.

7 Platziere die eingepaspelten Taschen auf der richtigen Position auf den Vorderteilen aus Oberstoff 1 und stecke sie fest. Steppe die Taschen entlang der äußeren Kante der Paspel ringsherum auf, lass dabei die obere Kante offen.

8 SEITEN- UND SCHULTERNÄHTE

Lege die Vorder- und Rückteile rechts auf rechts aufeinander. Schneide Paspelstreifen auf die Länge der Schulter- und Seitennähte zu, lege diese rechts auf links an die Kante und stecke alle drei Lagen aufeinander. Nähe das Schrägband in der Falzkante auf und schließe dabei die Schulter- und Seitennähte.

Weiter geht's

9

11

10

12

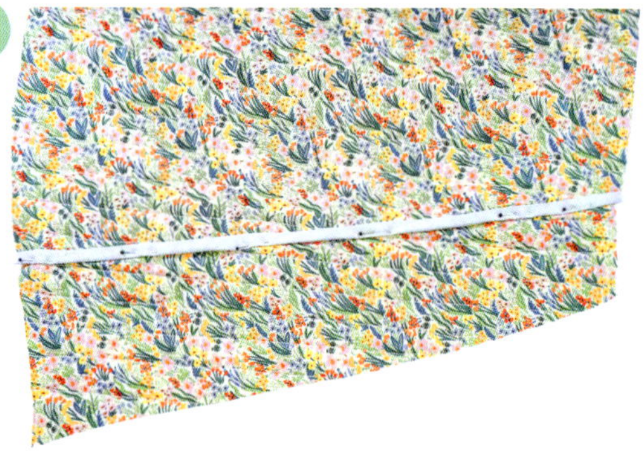

9 Falte das Schrägband um die Nahtzugaben der Schulter- und Seitennähte und stecke sie fest. Nähe die eingefasste Nahtzugabe knappkantig von der Innenseite auf. Dabei entsteht eine circa füßchenbreite Absteppnaht auf der Außenseite.

10 **ÄRMEL**

Lege jeweils ein vorderes und hinteres Ärmelteil links auf links aufeinander.

11 Schneide Paspelstreifen auf die Länge der Teilungsnähte zu, lege sie rechts auf rechts an die Kante und stecke alle drei Lagen aufeinander. Nähe das Schrägband in der Falzkante auf und schließe dabei die Teilungsnähte.

12 Falte das Schrägband um die Nahtzugaben der Teilungsnähte und stecke die gefalzte Kante fest.

13

15

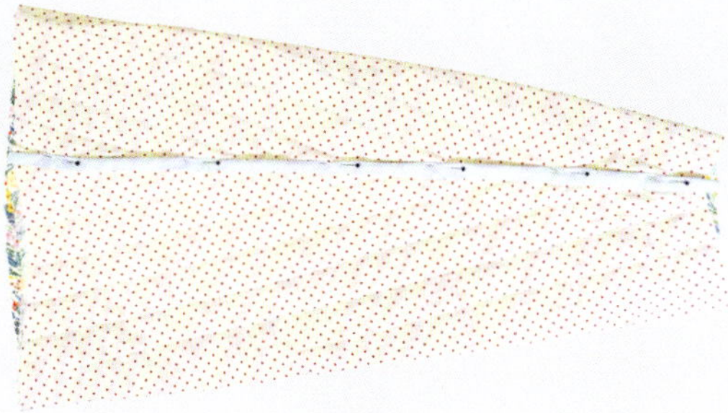

14

16

13 Nähe die eingefasste Nahtzugabe knappkantig von der Außenseite auf. Dabei entsteht eine circa füßchenbreite Absteppnaht auf der Innenseite.

14 Lege die offenen Ärmelseiten rechts auf rechts aufeinander. Schneide Paspelstreifen auf die Länge der Ärmelnähte zu, lege sie an die Kanten und stecke alle drei Lagen aufeinander. Nähe das Schrägband in der Falzkante auf und schließe dabei die Ärmelnähte.

15 Falte das Schrägband jeweils um die Nahtzugaben der Ärmelnähte und stecke die gefalzten Kanten fest. Nähe die eingefassten Nahtzugaben knappkantig von der Innenseite auf. Dabei entsteht je eine circa füßchenbreite Absteppnaht auf der Außenseite.

16 Stecke die Ärmel links auf links in die Armlöcher, die Knipse treffen dabei genau aufeinander. Verteile die Mehrweite gleichmäßig. Entweder den Ärmel füßchenbreit in einem einzelnen Schritt einnähen und den Paspelstreifen anschließend aufstecken oder den auf die Länge des Armlochs zugeschnittenen Paspelstreifen direkt mit an die Kante legen und alle drei Lagen aufeinanderstecken. Nähe das Schrägband in der Falzkante auf und nähe dabei die Ärmel ein.

Weiter geht's

17

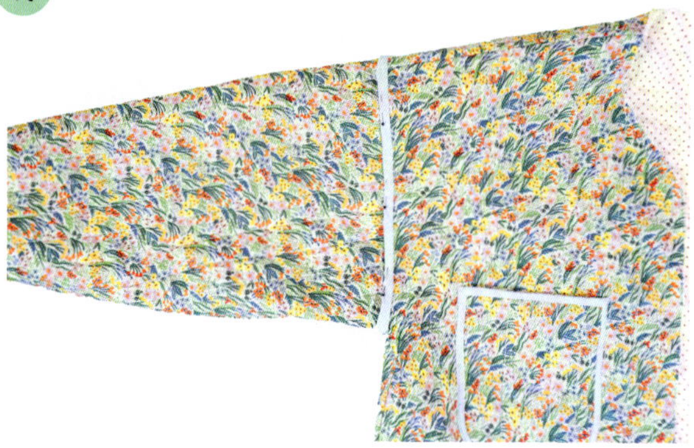

19

18

20

17 Falte das Schrägband um die Nahtzugaben der Armlöcher und stecke die gefalzte Kante fest. Nähe die eingefassten Nahtzugaben knappkantig von der Außenseite auf. Dabei entsteht je eine circa füßchenbreite Absteppnaht auf der Innenseite.

18 Schneide Paspelstreifen auf den Umfang der Ärmelsäume zu, lege sie rechts auf rechts an die Kanten und stecke jeweils beide Lagen aufeinander. Klappe den Anfang des Streifens 1 cm nach vorn um. Nähe das Schrägband ringsherum in der Falzkante auf, das Ende wird dabei überlappend auf den Anfang genäht.

19 Falte das Schrägband um die Kante zur Innenseite und stecke es mit der vorgefalzten Kante fest. Nähe knappkantig von der Außenseite auf dem Schrägbandstreifen und steppe dabei die auf die Innenseite umgeschlagene Kante mit fest.

20 **SAUM UND VORDERE KANTE**
Schneide einen Paspelstreifen auf den Umfang der gesamten Strecke von Saum, vorderer Kante und Halsloch zu, lege ihn rechts auf rechts an die Kante und stecke beide Lagen aufeinander. Klappe den Anfang des Steifens 1 cm nach vorn um. Nähe das Schrägband ringsherum in der Falzkante auf, das Ende wird dabei überlappend auf den Anfang genäht.

21

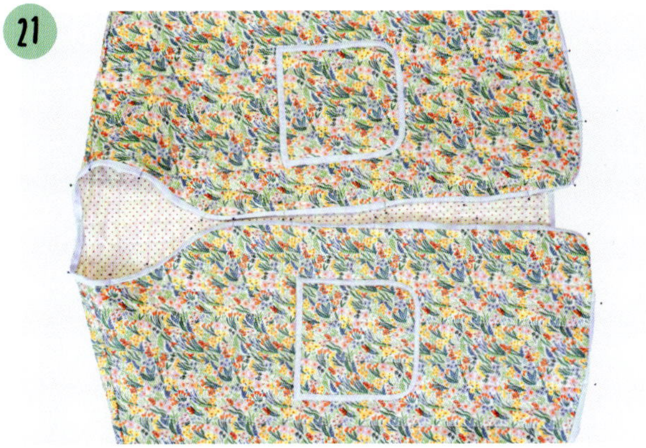

23

22

21 Falte das Schrägband um die Kante zur Innenseite und stecke es mit der vorgefalzten Kante fest. Nähe knappkantig von der Außenseite auf dem Schrägbandstreifen und steppe dabei die auf die Innenseite umgeschlagene Kante mit fest.

22 DRUCKKNÖPFE

Nähe die Druckknöpfe an den markierten Positionen mit Handstichen an.

23 Bügle die The Wally Jacket abschließend komplett aus. Optional kannst du noch ein Stoffetikett mit Handstichen an den oberen beiden Ecken in eine der Taschen nähen, wenn die Jacke gewendet werden soll. Sonst in die hintere Mitte auf die Innenseite nähen.

Fertig!

THE Yuri BAG

SCHWIERIGKEITSGRAD

Noch ein Knüller zum Schluss: Die Yuri Bag ist ein absoluter Hingucker, und jede Sekunde, die du in die tolle Smoktechnik steckst, wert! Der sonst so sportliche und etwas uncoole Softshell-Stoff wird hier mal auf ein komplett neues Level gehoben! Die Smoktechnik ist einfach, nur etwas zeitaufwendiger, aber das bringen textile Manipulationen (eine meiner Lieblingsbeschäftigungen schon in Studienzeiten!) eben so mit sich. Das Ergebnis wird es dir danken! Die Yuri Bag vollendet so ziemlich jedes Outfit in diesem Buch. Also ganz viel Spaß beim Nähen und Kreativsein!

Materialien

GEEIGNETE STOFFE

Softshell, Jeansstoffe

VON MIR VERNÄHTER STOFF

Softhell, 120 g/m²

STOFFMENGE

Bei einer Stoffbreite von 145 cm:

OBERSTOFF (FUTTER AUS DEMSELBEN STOFF):
110 cm

FUTTERSTOFF (WENN FUTTERTASCHE AUS EINEM ANDEREN STOFF):
65 cm

VOLUMENVLIES, Z. B. H630:
145 cm

ZUSÄTZLICHE MATERIALIEN

- teilbarer Metallreißverschluss, 20 cm lang
- reißfestes Knopflochgarn
- Stoffetikett (optional)

WERKZEUG

- Reißverschlussnähfuß
- (Stumpfe) Sticknadel
- Bunte abwaschbare/ausbügelbare Kreide oder Stifte

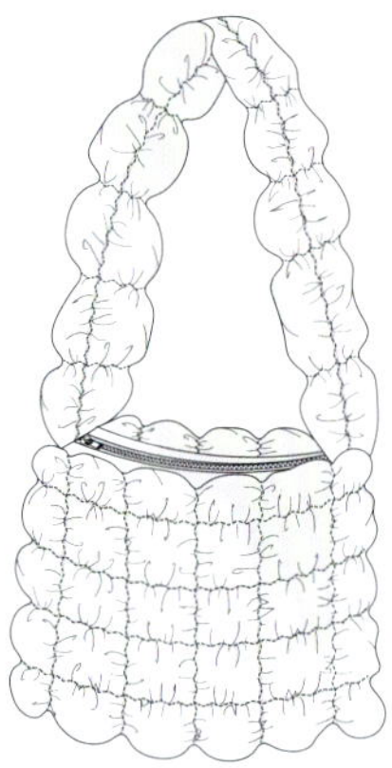

Zuschnitt

OBERSTOFF:

- 2 x Außentasche (SB 1)
- 2 x Futtertasche (SB 1)
- 4 x Reißverschlussbeleg (SB 1)
- 1 x Seitenteil Außentasche (in zwei Teilen, SB 1)
- 1 x Seitenteil Futtertasche (SB 1)
- 2 x Henkel (SB 1)

EINLAGE:

- 2 x Außentasche (SB 1)
- 1 x Seitenteil Außentasche (SB 1)
- 2 x Henkel (in zwei Teilen, SB 1)

ENTHALTENE NAHTZUGABEN:
Alle Nähte: 1 cm

Den Schnittlageplan zu diesem Projekt findest du auf Seite 127.

#TheYuriBag

HIER GEHT'S ZUM VIDEO-TUTORIAL:

www.julianamartejevs.com/tutorials

Los geht's

1

3

2

4

1 SMOKTECHNIK

Bügle das Volumenvlies auf die entsprechenden Schnittteile auf. Übertrage dann das Raster mit Kreide auf die mit Volumenvlies verstärkten Schnittteile. Nähe ohne zu verriegeln und mit ca. 5–10 cm hängendem Faden alle horizontalen und vertikalen Linien mit einem Zickzackstich (Stichbreite 4,0) ab.

2 Fädle das Knopflochgarn in die Sticknadel ein. Beginne mit den vertikalen Nähten: Führe die Sticknadel mit der Nadelöhrseite voraus durch jede der gefertigten Zickzacknähte. Die Fadenenden sollten am Anfang und Ende der Naht jeweils ca. 7 cm überhängen.

3 Verknote jedes durchgeführte Knopflochgarn auf einer Seite mit dem Fadenende des Zickzackstichs. Ziehe am anderen offenen Ende des Knopflochgarns und raffe den Stoff auf die Maße der äquivalenten Futterteile zusammen.

4 Wiederhole dies mit allen waagerechten Nähten.

5

7

6

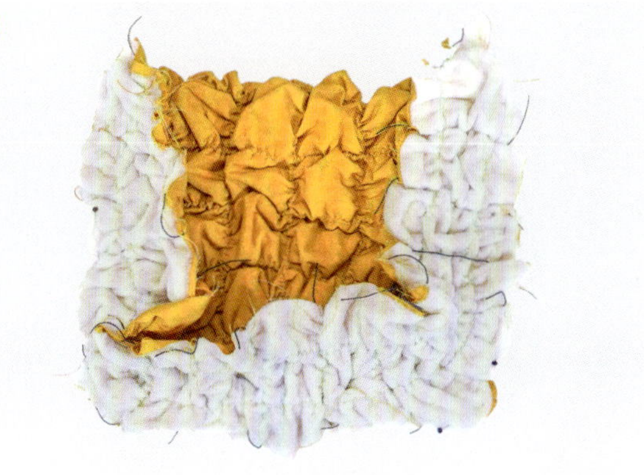

8

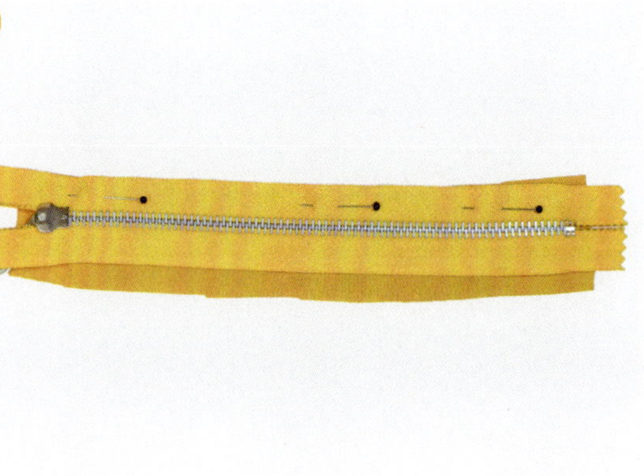

5 Fertige mit dieser Technik der Smokarbeit alle Schnittteile der Außentasche an.

6 AUßENTASCHE

Lege das gesmokte Seitenteil rechts auf rechts auf eine gesmokte Seite der Außentasche und stecke die drei Seiten mit Rundung so aufeinander, dass die Stoffkanten miteinander abschließen. Nähe die drei Seiten mit Rundung mit einer einfachen Naht zusammen.

7 Lege die andere gesmokte Seite der Außentasche rechts auf rechts auf die offene Kante des angenähten Seitenteils. Nähe die drei Seiten mit Rundung mit einer einfachen Naht zusammen.

8 REIßVERSCHLUSS

Stecke den Reißverschluss rechts auf rechts auf eine lange Seite eines Reißverschlussbelegs. An beiden Seiten ist der Reißverschluss mit seinen Zähnchen 1 cm kürzer als der Beleg. Nähe mit einem Reißverschlussnähfuß die erste Seite des Reißverschlusses an.

Weiter geht's

9

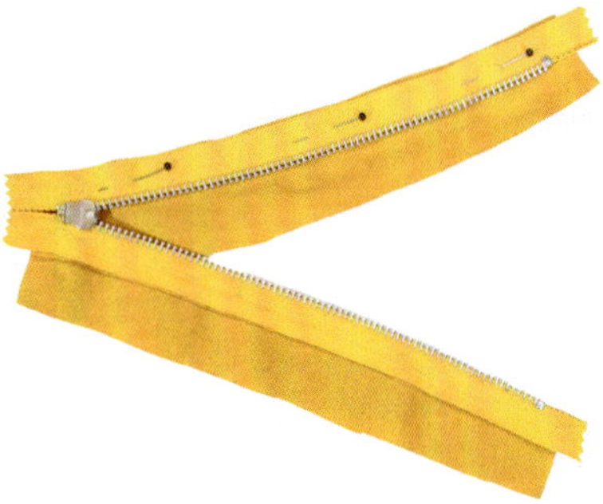

11

10

12

9 Öffne den Reißverschluss und stecke ihn rechts auf rechts auf eine lange Seite des zweiten Reißverschlussbelegs. An beiden Seiten ist der Reißverschluss mit seinen Zähnchen 1 cm kürzer als der Streifen. Nähe mit einem Reißverschlussnähfuß die zweite Seite des Reißverschlusses an.

10 Stecke eine Seite des Reißverschlussbelegs rechts auf rechts an die obere Kante der gesmockten Tasche und nähe ihn an. Lasse dabei am Anfang und Ende je 1 cm offen.

11 Stecke die andere Seite des Reißverschlussbelegs rechts auf rechts an die gegenüberliegende obere Kante der gesmokten Tasche und nähe ihn an. Lasse dabei am Anfang und Ende je 1 cm offen.

12 FUTTERTASCHE

Lege das Seitenteil rechts auf rechts auf eine Seite der Innentasche und stecke die drei Seiten mit Rundung so aufeinander, dass die Stoffkanten miteinander abschließen. Nähe die drei Seiten mit Rundung mit einer einfachen Naht zusammen.

13

14

15

16

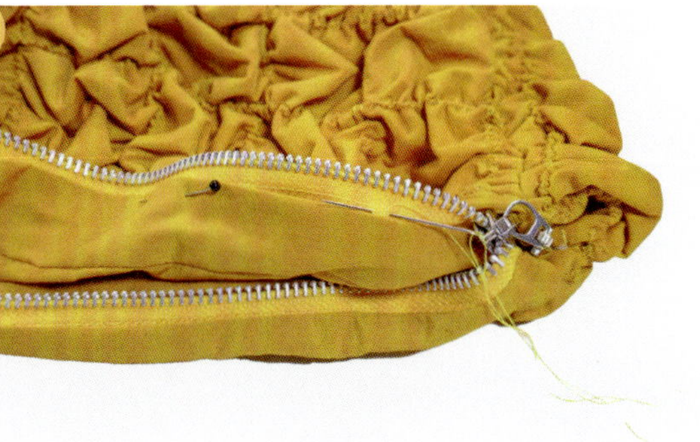

13 Stecke die andere Seite der Innentasche rechts auf rechts auf die offene Kante des angenähten Seitenteils. Nähe die drei Seiten mit Rundung mit einer einfachen Naht zusammen.

14 Stecke einen Reißverschlussbeleg rechts auf rechts an die oberen Kante der Futtertasche und nähe ihn fest. Lasse dabei am Anfang und Ende je 1 cm offen.

15 Stecke die Futtertasche links auf links in die gesmockte Tasche. Schlage die obere Kante der Futtertasche 1 cm nach innen um und stecke die umgeschlagene Kante neben den Zähnchen des Reißverschlusses auf beiden Seiten fest.

16 Nähe das Futter folgendermaßen mit einer Handnaht fest: Vernähe den Faden am Nahtanfang. Führe die Nadel durch 2–3 mm des Stoffs vom Reißverschluss von oben nach unten und anschließend wieder von unten nach oben.

Weiter geht's

17

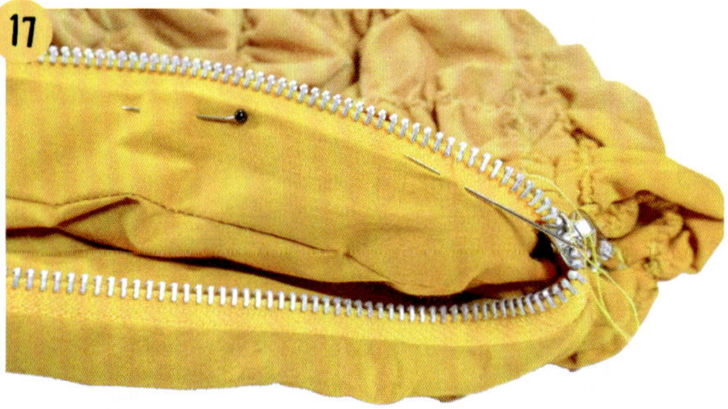

19

18

20

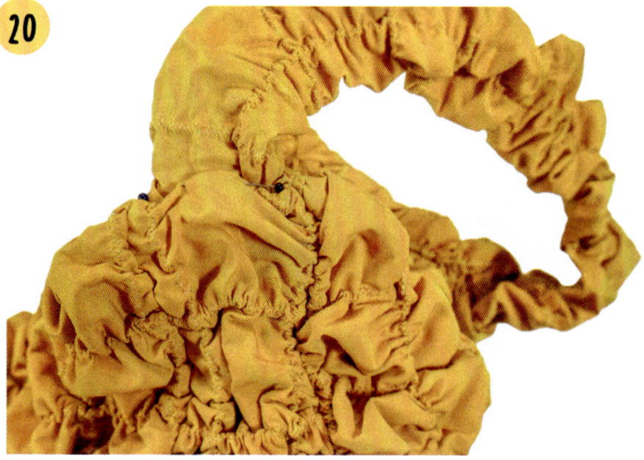

17 Führe die Nadel durch 2–3 mm des umgeschlagenen Stoffs von oben nach unten in den „Tunnel" und anschließend wieder von unten nach oben. Wiederhole diese beiden Schritte abwechselnd bis zum Nahtende. Vernähe den Faden.

18 **TASCHENHENKEL**

Lege den gesmokten Henkel rechts auf rechts, stecke die langen Seiten aufeinander und nähe sie zusammen.

19 Wende den Taschenhenkel, schneide dafür die Nahtzugaben kurz zurück und verwende ggf. bei dicken Stoffen ein Wendewerkzeug, wie den Stab eines Kochlöffels.

20 Führe den Taschenhenkel rechts und links in die Öffnungen neben den Reißverschlussenden zwischen die Lagen der gesmokten Tasche und der Futtertasche und stecke ihn ringsherum fest. Nähe den Taschenhenkel von innen und außen ebenfalls ringsherum mit einer Handnaht an.

21

21 Optional kannst du jetzt noch ein Stoffetikett mit Handstichen an den oberen beiden Ecken in die Futtertasche nähen.

Fertig!

2012

DANKSAGUNG

Lieber Simon,

deine Liebe und Unterstützung haben mir die Freiheit gegeben, mich von Anfang an in die spannende Modewelt und nun auch in dieses tolle Projekt zu stürzen. Dein Verständnis für meine Leidenschaft und dein betriebswirtschaftlicher Input seit unserer gemeinsamen Gründung von JULIANA MARTEJEVS haben es erst zu dem beliebten Schnittmusterlabel gemacht, das es heute ist. Unser täglicher Austausch und unsere so harmonische Zusammenarbeit bedeuten mir unendlich viel. Danke, dass du immer an meiner Seite bist und mich dazu anspornst, über mich hinauszuwachsen. Danke für deine cleveren Ideen, dein Hinterfragen, dein Zuhören, deine Kritik, dein Nachdenken und deine Zeit, die du mir während deiner vielen eigenen Projekte schenkst! Ohne dich als Geschäftspartner, Ehemann und bester Freund wäre dieses Buch nicht dasselbe.

Liebe Mama, lieber Papa und liebe Schwester Yvonne,

danke für eure bedingungslose Unterstützung und Ermutigung. Eure Liebe und der Glaube an meine kreativen Fähigkeiten haben mich schon als Kind dazu ermutigt, meinen Traum erst zu verfolgen. Ihr seid die besten Eltern und die beste Schwester, die man sich wünschen kann. Eine große Umarmung an euch!

Liebe beste Freundinnen Franzi, Lisa, Eva und Carina,

eure Freundschaft ist mein größter Schatz. Danke, dass ihr immer da seid, um meine Ideen zu hören, Ratschläge zu geben und gemeinsam mit mir zu lachen. Eure Unterstützung gibt mir die Kraft, auch die größten Herausforderungen zu meistern. Friendship never eeends!

Liebe Bella, liebe Kolleginnen,

eure positive Energie hat meine Kreativität beflügelt und meine Leidenschaft fürs Nähen noch mehr vertieft. Ein besonderer Dank gilt dir, liebe Bella, für deine aufmunternden Worte, deinen herausragenden Einsatz und die inspirierenden Gespräche während der Entstehung dieses Buches. Ich schätze mich glücklich, solch großartige Kolleginnen zu haben.

Liebe Judith,

ich möchte mich von ganzem Herzen bei dir für die wunderbare Gelegenheit bedanken, ein so einzigartiges und modernes Nähbuch zu veröffentlichen. Deine Unterstützung, dein Glaube an dieses Projekt und deine Expertise haben es möglich gemacht, dass meine Leidenschaft mit so vielen kreativen Hobbynäher*innen geteilt werden kann. Vielen Dank für dein Vertrauen und die spaßige Zusammenarbeit.

Ohne euch alle wäre dieses Buch nicht möglich gewesen. Ich bin unendlich dankbar für eure Liebe, Unterstützung und Inspiration. Dieses Buch ist nicht nur meins, sondern auch ein Stück von jedem von euch.

Eure Jule

ÜBER DIE AUTORIN

HIER GEHT'S ZU UNSEREN GRATIS-SCHNITTMUSTERN:

https://julianamartejevs.com/gratis-schnitte

Juliana Nieschke-Martejevs ist eine deutsche Modedesignerin und die Gründerin von JULIANA MARTEJEVS – Das Schnittmusterlabel. Nach ihrer Ausbildung zur Damenmaßschneiderin, in der sie ihre Leidenschaft für das Nähhandwerk entdeckte, absolvierte sie ihren Bachelor im Modedesign an der Hochschule Hannover sowie Politecnico di Milano und ihren Master 2021 an der Kingston School of Art in London. Juliana hat sowohl mit Luxus- als auch Highstreet-Marken sowie Museen und Magazinen weltweit gearbeitet. Sie möchte Do-it-Yourself-Mode revolutionieren und ihr einen neuen, modernen und nachhaltigen Touch verleihen und damit andere inspirieren, kreativ zu sein und Mode richtig wertzuschätzen. Juliana präsentierte ihre Modekollektionen auf internationalen Laufstegen in Paris, Mailand oder Frankfurt. Sie lebt mit ihrem Mann und Geschäftspartner Simon im Prenzlauer Berg in Berlin. Die gesamte JULIANA MARTEJEVS Schnittmusterkollektion findest du auf www.julianamartejevs.com oder auf Instagram @julianamartejevs_official. Teile deine Resultate mit den Schnittmustern aus diesem Buch unter dem Hashtag #JULIANAMARTEJEVSonME.

Sponsoren:

buttinette Textil-Versandhaus GmbH
Gütermann GmbH
mollipolli
Prym Consumer GmbH
Rico Design GmbH & Co. KG
Snaply GmbH
Stoffe Brünink & Hemmers GmbH
Stoffekontor
Swafing GmbH

Herzlichen Dank!

SCHNITTLAGEPLÄNE

- Pfirsichfarbene Linien: Versäubern
- Gelbe Schnittteile: Mit Einlage bekleben
- Rote Linie: Stoffbruch

THE OVERSIZED T-SHIRT

- Es wird im Stoffbruch zugeschnitten.

XL–XXXL:

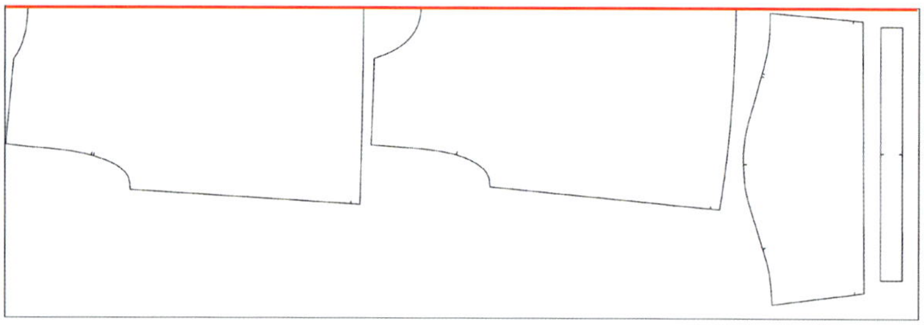

XS–L:

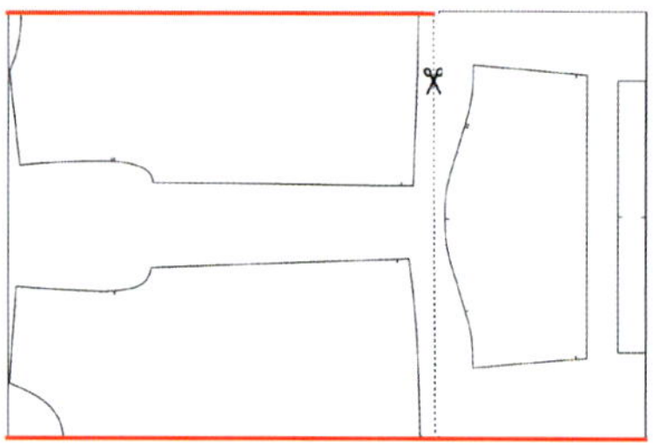

THE CARA TOP

- Es wird nicht im Stoffbruch zugeschnitten.

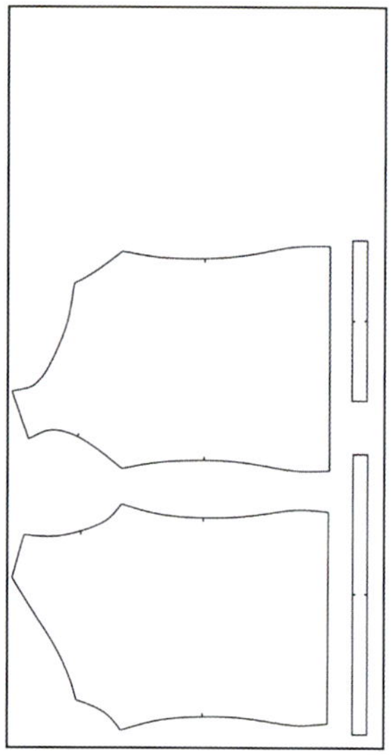

THE VIOLA BLOUSE

- Es wird im Stoffbruch zugeschnitten.

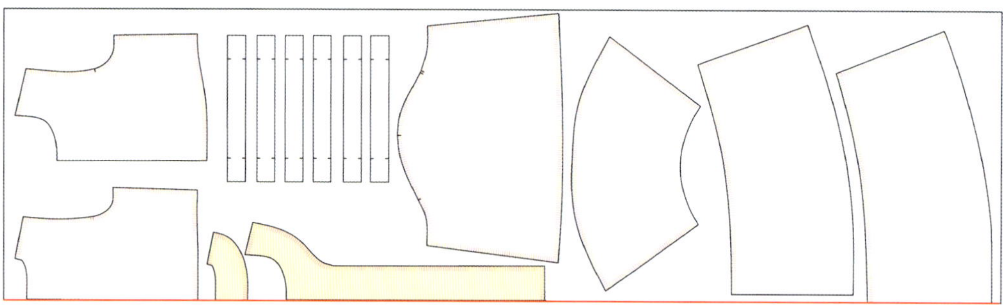

THE NOELLA BLOUSE

- **Schnittlageplan pro Stoff:** Es wird im Stoffbruch zugeschnitten.

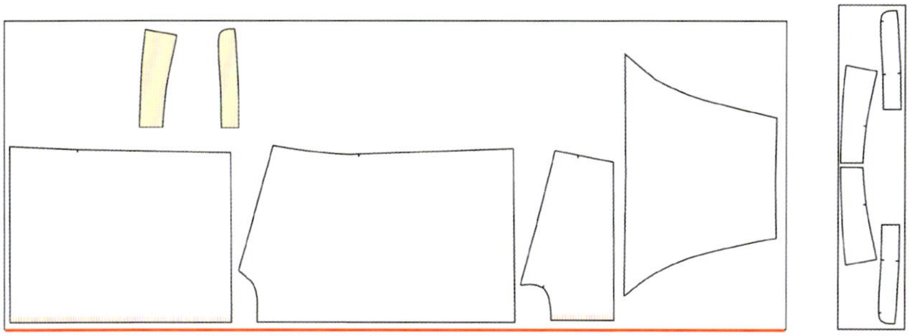

THE SALLY SWEATER

- Es wird im Stoffbruch zugeschnitten.

Oberstoff (unifarben):

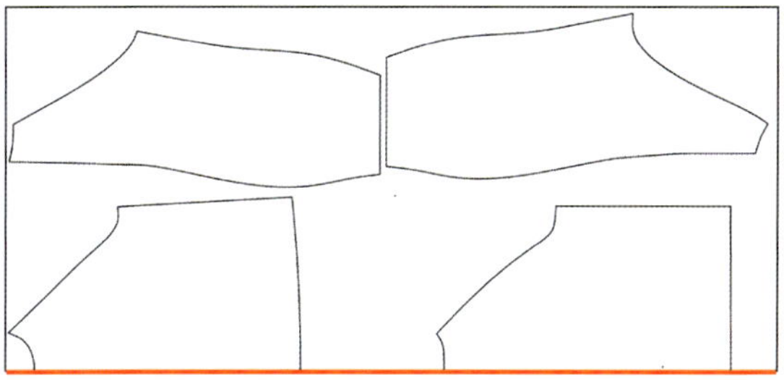

Bündchen:

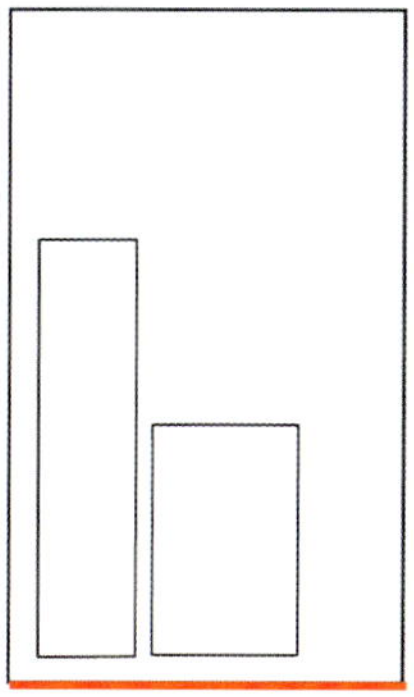

THE T-SHIRT DRESS

- Es wird im Stoffbruch zugeschnitten.

XS–L:

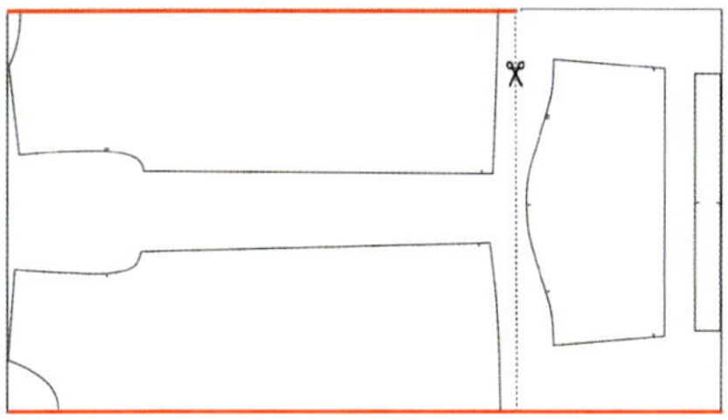

XL–XXXL:

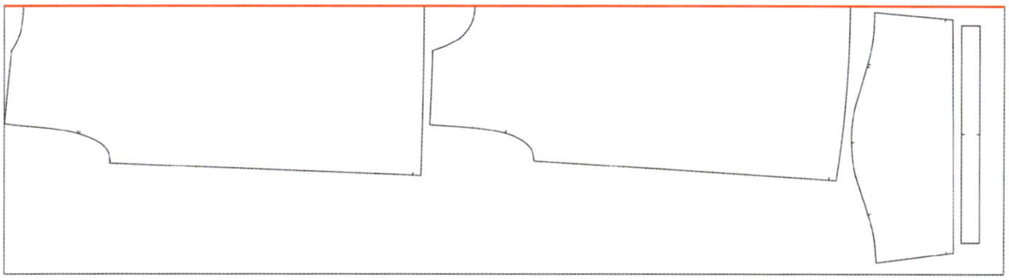

THE AMBER DRESS

- Es wird im Stoffbruch zugeschnitten.

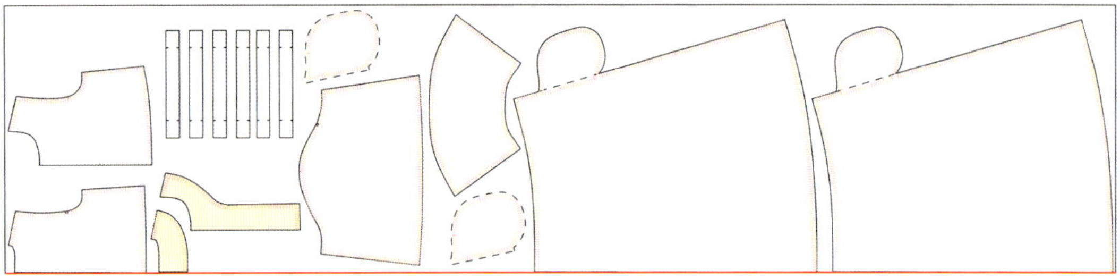

THE KYLIE DUNGAREE DRESS

- Es wird im Stoffbruch zugeschnitten.
- Achtung! Im oberen Teil des Stoffs werden zwei Brüche gelegt. Darunter wird der Stoff aufgeschnitten und nur ein Bruch gelegt.

XS–XL:

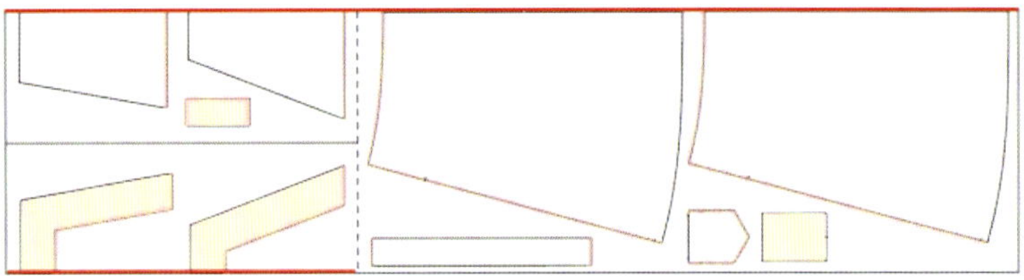

XXL–XXXL:

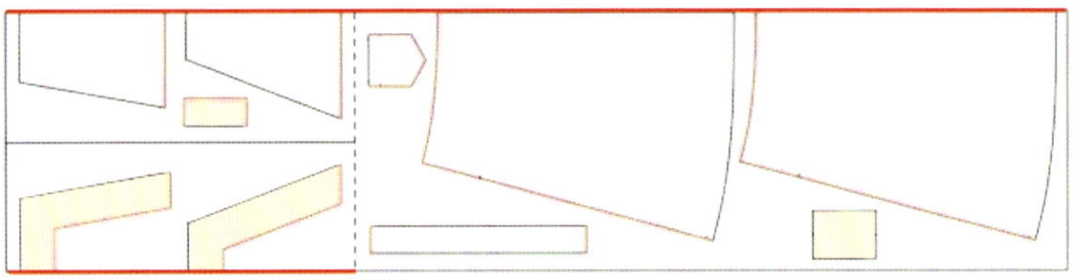

THE DEBBIE SKIRT

- Es wird im Stoffbruch zugeschnitten.

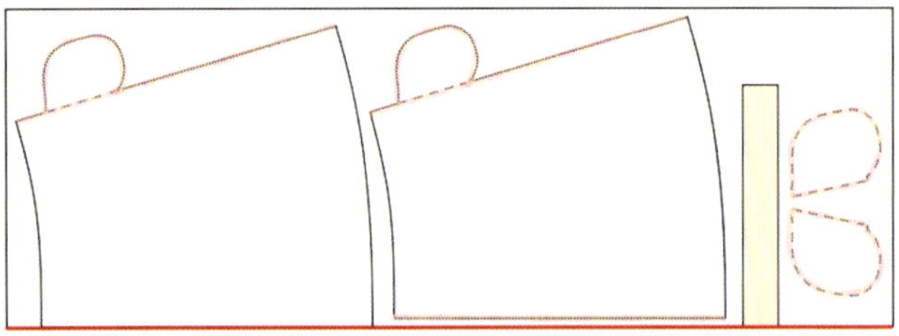

THE LESLIE PANTS

- Es wird im Stoffbruch zugeschnitten.

Oberstoff:

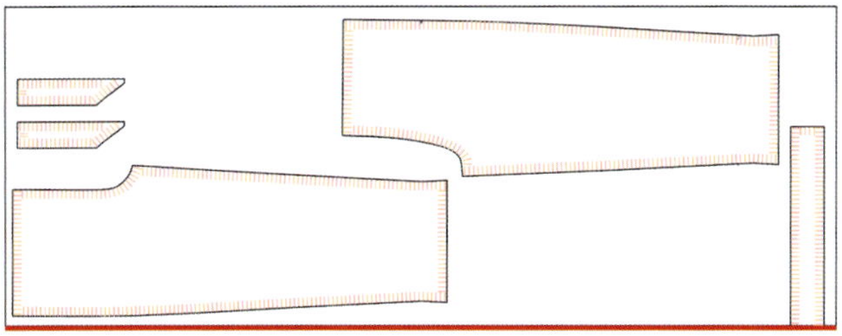

Futter:

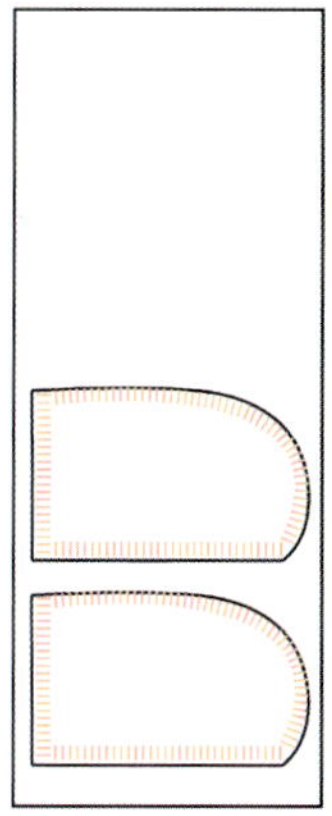

THE WALLY JACKET

- Es wird im Stoffbruch zugeschnitten.

Stoff 1 XS–M:

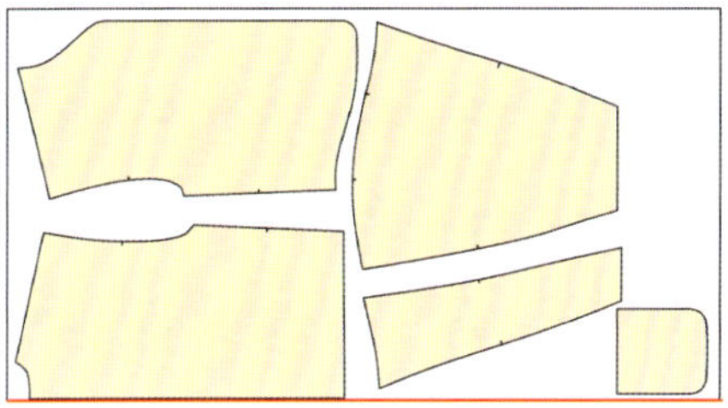

Stoff 1 L–XXXL:

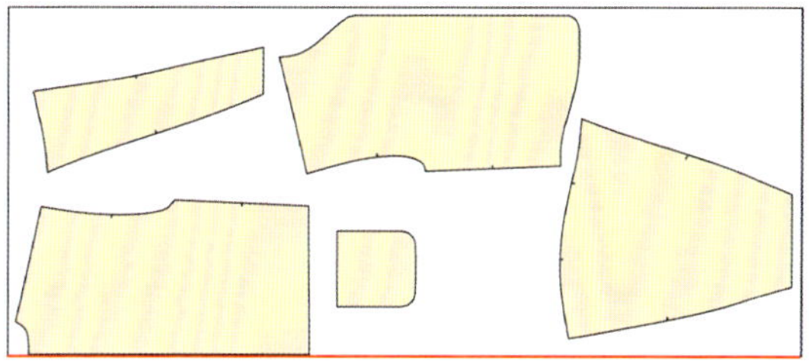

Stoff 2 XS–M:

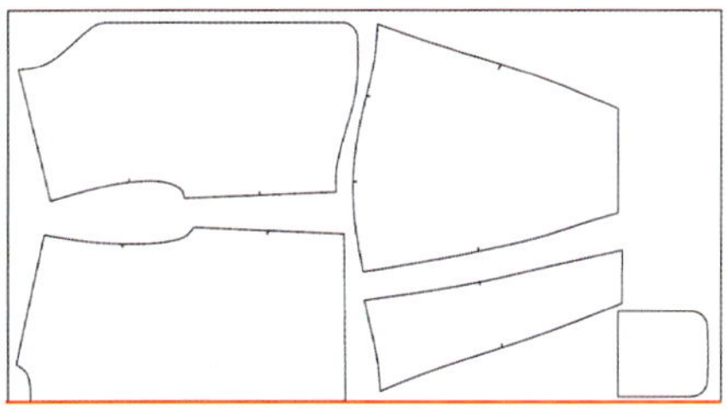

Stoff 2 L–XXXL:

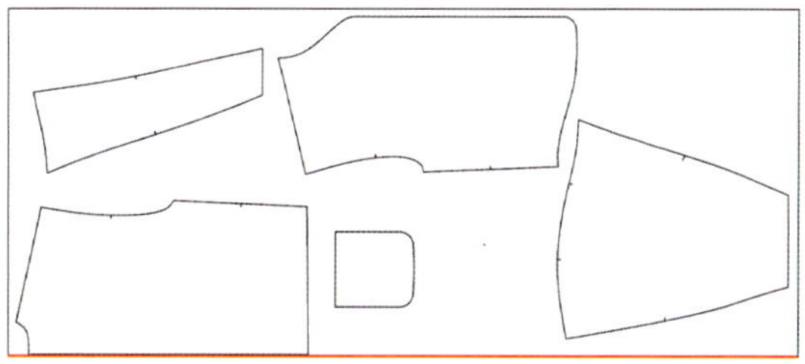

THE YURI BAG

- Es wird im Stoffbruch zugeschnitten.

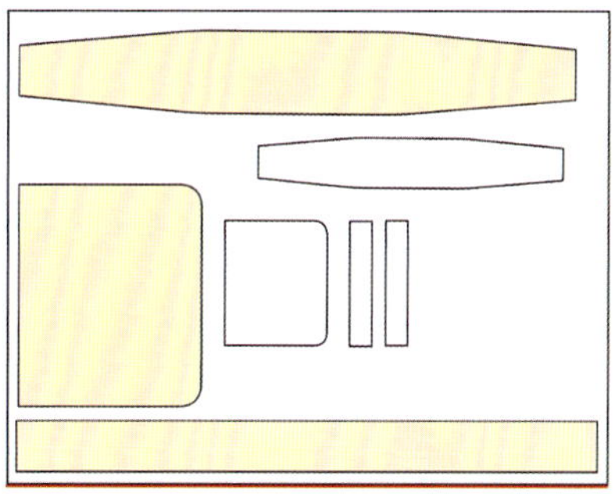

IMPRESSUM

Bibliografische Information der Deutschen Bibliothek.

Die Deutsche Bibliothek verzeichnet diese Publikation in der Deutschen Nationalbibliografie.
Detaillierte bibliografische Daten sind im Internet über http://www.dnb.de/ abrufbar.

EIN BUCH DER EDITION MICHAEL FISCHER

1. Auflage 2024

Cover, Layout & Satz: Michaela Zander
Redaktion und Lektorat: Judith Wiedemann
Bilder: © Corinna Brix, München (Cover, Aufmacherfotos); © Juliana Nieschke-Martejevs (Stepfotos)
Schnitterstellung und technische Zeichnungen: Juliana Nieschke-Martejevs

ISBN 978-3-7459-2106-9

Gedruckt bei C&C Offset Printing Co., LTD., 14/F, C&C Building, 36 Ting Lai Road, Tai Po, N. T. Hong Kong

www.emf-verlag.de